ミアズブレッドのパンとサンドイッチ

はじめに

小麦と酵母と塩があれば、素朴でおいしいパンができます。
さらに、ミアズブレッドのパンには、そこにほんの少しの砂
糖と油分が入ります。キュッとしまったパンが少しゆるんで
弾力ができ、みんなが食べやすくおいしいパンになるのです。
そしてパンのおいしさは、サンドイッチに、お料理と一緒に
と、どんどん広がっていきます。
働きながら、子育てしながら、どんなときもつくりつづけて
きたレシピです。つくることによって自分自身も元気になり、
そしてパンから、どんどん世界が広がっていきました。
シンプルなつくり方ですが、バリエーションは限りなくあり
ます。
それぞれの生活に合わせてアレンジをしてみてください。パ
ンづくりが楽しみのひとつになるだけでなく、きっと周りの
人々を幸せにすることに、自然とつながっていくでしょう。

MIA'S BREAD 森田三和

# 1 11種類の基本のパンと サンドイッチのつくり方

# 2 変わりパン

## パンづくりを始める前に

「パンは生きもの」。だから、パンづくりは面白いのです。毎回、新しい物語を読んでいるような、楽しみや発見があります。大切なのは、データや数字よりも、体感すること。見て、触って、においをかいで、を繰り返し、「自分が好きな味に仕上がるのは、こんな生地のとき」という感覚をつかめたら、こっちのもの。そして、たとえ思ったとおりに焼き上がらなくても、できたパンをいとおしく思えたら、それだけできっと成功なのです。

### ・水のこと
レシピ中に出てくる、「水」は、「ぬるま湯」です。冬は乾燥していて寒いので、水はやや多めで温度は高め（35〜40℃くらい）、夏は湿気が多く暑いので、水は少なめで温度は低め（25〜30℃くらい）。とはいえ室温によっても変わるので、臨機応変に調節してください。少しくらい温度が低めでも、いずれ発酵するのであせらずに。

### ・粉のこと
小麦粉には大きく分けると薄力粉、中力粉、強力粉とあり、粉に含まれるたんぱく質の量で分類されています。おもにお菓子づくりに使うのは薄力粉、うどんなど麺類に使うのが中力粉、パンの場合はたんぱく質が多い強力粉を使います。

### ・計量のこと
この本では、1カップは200㎖、大さじ1は15㎖、小さじ1は5㎖です。小さじは、½サイズも用意しておくと便利です。

### ・オーブンのこと
ミアズブレッドでは、ガスオーブンを使用しています。電気オーブンの場合は、レシピに掲載されているよりも温度設定を少し高めに。乾きすぎるようなら、途中、霧吹きで水分を補ってもいいでしょう。

# 道具と材料のこと

## 必要な道具

### 1 大きいボウル
（直径30〜35cm）

大きめのボウルがひとつあればとても便利。ボウルを抱えて、別の場所に移動してこねることもできます。周りに粉も飛び散らないので片づけも楽です。

### 2 ふたができる 透明の保存容器
（2ℓ入るサイズ）

ボウルにラップをかけて1次発酵させることもできるのですが、すき間から空気が入って乾燥したり、発酵の様子がわかりづらかったり。その点、ふたがしっかり閉まるものは湿度がきちんと保たれるし、透明なら発酵の進み具合も一目瞭然です。300gの粉に対して、2ℓ程度の容器を用意します。

### 3 大きめのふきん

ベンチタイムや2次発酵のときにパンにかけるもの。ミアズブレッドでは、表面がざらっとしているドビー織のものを使用。パン生地にくっつかないのでおすすめです。

### 4 パンマット

厚地のキャンバス布で、ベンチタイムに使います。汚れていなかったらそのつど洗わなくても乾かす程度で大丈夫。汚れたら、洗ってしっかり乾かします。

### 5 計量カップ

メーカーによって微妙に誤差があります。パンづくりは計量が大切なので、手持ちの計量カップは、水とはかりを使って正確な量を一度きちんと量っておきましょう。（水1mℓ＝1gです）

### 6 計量スプーン

計量スプーンは大さじ、小さじ、小さじ½があると便利です。塩はイーストの発酵を妨げるので、塩に使うスプーンと、イーストに使うスプーンは分けて使う方がベターです。

### 7 はかり

1g単位の方がおすすめですが、計量スプーンがあれば、2g単位のはかりでも十分です。倍量をつくる場合は、2kgまであれば便利です。

### 8 まな板

パン生地を取り出してカットしたり、成形したりできるように大きめを。

### 9 スケッパー

パンを切り分けるときに使います。なければ、包丁でも十分。

## 基本の材料

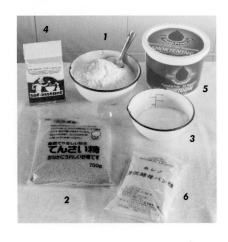

### 1 小麦粉

粉に含まれるたんぱく質の量で種類が分かれますが、パンにはたんぱく質量が多い強力粉を使います。

### 2 砂糖

やさしい甘味のてんさい糖を使っています。

### 3 塩

塩は湿気に弱いので、計量が安定している焼き塩を使っています。

### 4 ドライイースト

ドライイーストは、フランスのサフ社のものを使用。

### 5 ショートニング

ショートニングは、トランスファットフリーのものを使用。アメリカのダーボン・オーガニック社のもの。

### 6 天然酵母のパン種

発酵力があって、風味がよいホシノ丹沢天然酵母を使っています。

# 1

## 11種類の基本のパンと
## サンドイッチのつくり方

パンは生きものです。同じつくり方でも、季節によっ
て加える水の量も発酵時間も変わるうえに、成形や
ブレンドでがらりと表情が変わります。この章では
11種類の基本のパンと、それぞれのサンドイッチ
に合うブレンドパン、22種類のサンドイッチのつ
くり方を紹介します。慣れてきたら、形とブレンド
の組み合わせを変えたり、季節の別の野菜に変えた
りして、自由にサンドイッチをつくってみてくださ
い。臨機応変なパンづくりは飽きることがなく、つ
くればつくるほど発見があります。そしてでき上
がったときの幸せ感をいっぱい味わってください。

基本のパンは、トーストしたり、サンドイッチにしたりと応用が利き、
それでいて、つくり方は一番簡単です。
しっかりこねたら、あとは手で丸めるだけ。
ふっくらしたらオーブンに入れて焼き上がりを待ちましょう。

## 基本のパン ＋ BLTA サンド

つくり方

**1** 強力粉の半量と砂糖、ドライイースト、水を大きめのボウルに入れて、なめらかになるまで手で混ぜる。

道具も作業工程も少ない基本のパンは、
温度や湿度、そのときのこね方によって
焼き上がりの表情が変わります。
何度も焼きたくなる、飽きることのないパンです。

**BREAD**

## 基本のパン

材料（1個分）
強力粉　300g
砂糖　大さじ1
ドライイースト　小さじ1
水　200㎖
塩　小さじ¾
ショートニング　10g
上新粉　適量

**2** 残りの強力粉と塩、ショートニングを加え、ひとまとまりになるまで大きく回転させるように混ぜる。両手で押しつけるように、体重をかけて10〜15分こねる。途中、疲れたら、乾かないようにふたつきの容器に入れて、休憩してもOK（その間に少し発酵して、こねやすくなる）。やわらかくなるスピードが落ちてきたなと感じたら、ボウルに10回ほど打ちつけるようにすると、またこねやすくなる。

**3** だまがなくなって、表面がなめらかになるくらいこねたら、かるく丸め、オイル（分量外）をぬったふたつき容器（2ℓ入るサイズ）に入れ、温かいところに置いて50分ほど1次発酵させる。

**4** 容器の8分目あたりまでふくらんだら、取り出して両手で生地を丸め直して（パンチし）、ガスを抜く。ふたたび容器に戻し、ふたをして30分ほど発酵を続ける。

**5** 生地がふたにつくほど発酵したら、パンマットの上に取り出す。固くしぼったぬれぶきんをかけて、10分おく（ベンチタイム）。

**6** 両手で20×35cm程度の四角にのばし、端からくるくると丸めてとじ目を下にしておく。

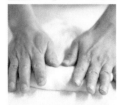

**7** 表面に上新粉をふりかけ、天板にのせる。クープを入れ、ふたたびぬれぶきんをかけて1時間ほど2次発酵させる。

**\*** こね機を使ってこねる場合は、すべての材料を一度に入れ、約10分こねる。
**\*** 水の量は、季節によって微妙に変わる。夏は195㎖、冬は205㎖を目安に。また、手ごねの場合は水分が蒸発するため、やや多めを心がけ、蒸発がほとんどないこね機でこねる場合は、少なめを心がける。夏は水でよいが、冬は35〜40℃程度のぬるま湯に。
**\*** 容器にぬるオイルは、オリーブオイルや菜種油など好みのもので。

**8** ふっくらとしてクープが広がってきたら、200℃に熱したオーブンで25〜30分焼く。

# BLTA サンド（ベーコン、レタス、トマト、アボカドのサンドイッチ）

材料（1 セット分）
基本のパン（P.10 〜 11）　2 枚（1.5cm厚さ）
ベーコン　1 枚
レタス　1 枚
アボカド　½個
トマト　½個
ブロッコリースプラウト　20g
にんじん　30g（3cm長さ）
タルタルソース（○）　小さじ2
レモン汁、オリーブオイル、ケチャップ　各少々

a

つくり方

**1**　レタスとスプラウトは、洗って水けをきる。トマトはへたを取り、5mm厚さにスライスしてキッチンペーパーで余計な水分を吸い取る。アボカドは皮と種を取り、5mm厚さにスライスしてレモン汁をふっておく。にんじんは皮をむいてスライサーで極細のせん切りにする。

**2**　焼き網を熱し、パンを両面こんがりと焼く。サンドイッチにしたときに内側になる面に、オリーブオイルをはけでぬる。

**3**　フライパンにベーコンを入れ、弱火にかける。油をひかずにじっくり火をとおし、カリッと焼く。キッチンペーパーで余分な油を取る。

**4**　サンドイッチの下側になるパンに、タルタルソースを点々とつけて、上にアボカドを並べる。さらに、ベーコンをちぎってバランスよくのせ、上に点々とケチャップをのせる。スライスしたトマトを重ね、にんじん、スプラウトも重ねていく。レタスはパンの形に合うように折り込んで、タルタルソースを内側につけて重ねる。上になるパンの内側にもタルタルソースを少しつけてかぶせ、しばらく手で押さえてなじませる。

**＊**　タルタルソースやケチャップを少量ずつつけるのは、味つけはもちろん、パンと野菜、あるいは野菜同士をつなぐのりの役目もしているため。

## ○ タルタルソースのつくり方

マヨネーズ（適量）に、同量のピクルスのみじん切りを加えて混ぜる。
＊　冷蔵庫で 1 週間ほど保存可能。

# おいしいサンドイッチをつくるために

## にんじんのせん切り

にんじんは皮をむいてせん切り用スライサーでおろし、保存容器に入れる。底にキッチンペーパーを敷いて余分な水分を吸い取ると日持ちがよく、おいしさもキープできる。(冷蔵庫で3日保存可)

## 野菜の水切り

葉野菜は洗ったらサラダドライヤーで水切りし、さらにキッチンペーパーで余分な水分をふく。炒めて使う野菜も水切りしてから炒めると、水っぽくなく手早くおいしく仕上がる。

## タルタルソース

マヨネーズにピクルスのみじん切りを加えてつくる。市販のものでもいいが、手づくりピクルス(P.51)でつくると、よりおいしくなる。(冷蔵庫で約1週間保存可)

くるみレーズン入りの基本のパン

＋

玉子サラダのサンドイッチ

ローストしたり、湯通ししたり。
そんなひと手間を加えることで、風味がさらにアップします。
慣れてきたら、自分好みのブレンドで。

BREAD

## くるみレーズン入りの基本のパン

材料（1個分）
強力粉　300g
砂糖　大さじ1
ドライイースト　小さじ1
水　205㎖
塩　小さじ¾
ショートニング　10g
上新粉　適量
くるみ（殻なし）、レーズン　各60g

つくり方
1　くるみは大きければ手で割って、170℃のオーブンで7～8分焼いておく（フライパンでから炒りしてもよい）。レーズンは湯通しし、ラム酒（小さじ1・分量外）をふりかけておく。使う直前にキッチンペーパーにくるんで水けをきる。
2　基本のパン（P.10～11）のつくり方を参照。工程1と同様に混ぜる。基本のパンの工程2を参照に、強力粉の半量と塩、ショートニングとともにくるみを加え（a）、同様にこねる。ほとんどこね上がった状態になったら、レーズンの半量を加え、全体に混ざるように、さらにこねる。
3　工程3、4と同様に発酵させ、工程5で生地をパンマットに取り出したあと、残りのレーズンのさらに半量（全体量の¼）を混ぜ込んでから、工程5と同様、ベンチタイムをとる。
4　工程6で四角くのばしたあとに、残りのレーズンを均等に散らす。工程6～8と同様につくる。
＊　くるみはかるくローストすることで香ばしくなる。レーズンは湯通しすることで、余分な甘味、ほこりなどが取れる。さらにラム酒をかけると、ふっくらと香りもよくなる。

a
—

SAND

## 玉子サラダのサンドイッチ

材料（1セット分）
くるみレーズン入りの基本のパン
　2枚（1.5㎝厚さ）
にんじん　30g
レタス　1枚
スプラウト　20g
きゅうり　⅓本
クリームチーズ　30g
マヨネーズ　小さじ1
〈玉子サラダ〉
　卵　1個
　カッテージチーズ　大さじ1
　マヨネーズ　小さじ1
　塩、こしょう　各少々

準備
クリームチーズを室温に置き、やわらかくしておく。

つくり方
1　にんじんは皮をむいて、スライサーで極細のせん切りにする。レタス、スプラウトは洗って水けをきっておく。きゅうりは斜めに薄切りにして、キッチンペーパーの上に並べ、水分を吸い取っておく。
2　玉子サラダをつくる。鍋にたっぷりの水と卵を入れて火にかける。沸騰したら、9分ゆでて、固めの半熟玉子をつくる。殻をむいてつぶし、カッテージチーズ、マヨネーズ、塩、こしょうであえる。
3　パンを1.5㎝厚さにスライスして、内側になる方の面それぞれにクリームチーズをぬる。上にきゅうりを並べ、2の玉子サラダ、にんじん、スプラウトの順にたっぷりのせる。レタスをパンの形に合うように折り込んで、マヨネーズを内側に少しつけてのせ、パンを重ねる。手で押さえてなじませる。

プチパン ＋ 黒豆入りポテトサラダのサンドイッチ、
きのこソテーのサンドイッチ

料理にも合わせやすい小さめサイズ。
焼き色を濃いめにつけて、
パリッとした皮の食感を楽しんだり、
焼き色を少し浅めにやわらかく焼いて、
サンドイッチにしてみたり。

BREAD

## プチパン

材料（10個分）
基本のパン（P.10〜11）と同じ

つくり方
1　基本のパン（P.10〜11）のつくり方参照。工
程1〜3まで、同様につくる。
2　基本のパンの工程4で、ふたつき容器の8分
目あたりまでふくらんだら、取り出して10等分に
する。表面に張りをもたせるイメージで、包み込む
ように丸める（a）。パンマットを敷き、生地をとじ
目を下にして並べる。パンマットを折り返して生地
にかぶせ、上に固くしぼったぬれぶきんをかぶせて
10分おく（ベンチタイム）。
3　ひとまわり大きくなったら生地を丸め直し、乾
いていたら霧吹きで水をかける。表面に上新粉をま
ぶし（b）、天板に並べる。クープを入れてぬれぶき
んをかけ、30〜40分、2次発酵させる。
4　ふっくらとしたら（c）、210℃に熱したオーブ
ンで12分焼く。焼き上がったら、網の上にのせて
冷ます。

a

b

c

# 黒豆入りポテトサラダのサンドイッチ

材料（3個分）
黒豆（ゆでたもの）　30g
じゃがいも　1個
レタス　1〜2枚
スプラウト　30g
にんじん　⅓本
きゅうり　½本
玉ねぎ　⅛個
卵　1個
塩、こしょう　各少々
ミアズドレッシング（○）　小さじ2
タルタルソース（P.12参照）　適量

## ○ ミアズドレッシングのつくり方

オリーブオイル、酢各50mlと、塩小さじ½、メープルシロップ小さじ½をふたつきの瓶などに入れて、よく振る。
＊　冷蔵庫で2週間ほど保存可能。

つくり方
1　レタス、スプラウトは洗って水けをきり、にんじんはスライサーで極細のせん切りにする。きゅうりは皮をところどころむいて斜め薄切りに、玉ねぎは薄切りにして水にさらし、水けをしっかりきる。
2　じゃがいもは皮をむき、竹串がすっと通るくらいに塩ゆでし、粉ふきいもにする。適当な大きさにつぶし、熱いうちにドレッシングであえて、こしょうをふっておく。
3　鍋にたっぷりの水と卵を入れて火にかける。沸騰したらそのまま9分ゆでて、固めの半熟玉子をつくる。殻をむいてフォークの背でつぶし、塩、こしょうしておく。
4　1の玉ねぎと2、3、黒豆をボウルに入れてあえる。
5　プチパンに包丁で斜めに切り込みを入れ、手で引き裂くように開く。切り口にタルタルソースをつけて、きゅうりを並べ、その上にレタスを食べやすい大きさにちぎってのせる。
6　4を奥の方にぐっと入れて、1のにんじん、スプラウトを彩りよく差し込むように入れる。
＊　プチパンを開くときは包丁だけより、手も使った方が破れにくく、サラダが収まりやすい。

# きのこソテーのサンドイッチ

材料（3個分）
プチパン　3個
まいたけ　1パック（100g）
レタス　1〜2枚
スプラウト　30g
にんじん　⅓本
きゅうり　½本
オリーブオイル　小さじ2
塩、こしょう　各少々
タルタルソース（P.12参照）　適量

つくり方
1　レタス、スプラウトは洗って水けをきり、にんじんはスライサーで極細のせん切りにする。きゅうりは皮をところどころむいて斜め薄切りにする。
2　フライパンにオリーブオイルを熱し、まいたけを食べやすい大きさにちぎって入れる。塩、こしょうをふってふたをする。しんなりしてきたら裏返し、ふたをせずに水分を飛ばすように香ばしく焼き、ボウルに取り出して粗熱をとる。
3　プチパンに包丁で斜めに切り込みを入れ、手で引き裂くように開く。切り口にタルタルソースをつけてきゅうりを並べ、その上にレタスを食べやすい大きさにちぎって、プチパンから少しのぞくように入れる。
4　2のまいたけの軸の方が奥になるようにプチパンに詰め、上ににんじん、スプラウトを詰める。
＊　まいたけ以外にも、エリンギやえのきだけ、しめじなど、さまざまなきのこを使って。

玄米のプチパン ✚ きんぴらごぼうのサンドイッチ

玄米を練り込むことで、
しっとりもちもちとした食感になります。
焼くといっそう、玄米の存在がきわだちます。

BREAD

## 玄米のプチパン

材料（10個分）
強力粉　300g
砂糖　大さじ1
ドライイースト　小さじ1
水　200㎖
塩　小さじ¾
ショートニング　10g
上新粉　適量
玄米（炊いたもの）　90g

つくり方
つくり方は、プチパン（P.18）参照。残りの生地を
混ぜる段階（基本つくり方P.10の工程2参照）で、
玄米を加える（a）。あとは、プチパンの工程2〜4
まで同様につくる。

*a*
—

SAND

## きんぴらごぼうのサンドイッチ

材料（4個分）
玄米のプチパン　4個
ごぼう　1本
レタス　2枚
にんじん　½本
青じそ　2枚
太白ごま油　小さじ2
みりん、しょうゆ　各小さじ2
一味とうがらし　少々
白炒りごま　大さじ1
タルタルソース（P.12参照）　適量

つくり方
1　（きんぴらごぼうをつくる）ごぼうはささがき
にし、水にしばらくさらしてから水けをきる。フラ
イパンにごま油を熱し、中火でごぼうをカリッと炒
める。みりん、しょうゆを回し入れて水分を飛ばす
ように炒めたら、仕上げに一味とうがらしと、炒り
ごまをふりかけてひと混ぜし、火を止める。
2　レタスは洗って水けをきり、にんじんはスライ
サーで極細のせん切りにする。青じそは洗って水け
をきり、半分に切る。
3　玄米のプチパンに包丁で斜めに切り込みを入
れ、手で引き裂くように開く。切り口にタルタルソー
スをつけ、青じそをしき、レタスを食べやすい大き
さにちぎってそれぞれに入れる。
4　レタスの上から1のきんぴらごぼうを奥の方
にぐっと入れて、さらに2のにんじんを、差し込
むように入れる。
＊　ごぼうのきんぴらだけでなく、れんこんやうど
のきんぴらでもおいしい。

クッペ ✚ カマンベールとトマトのサンドイッチ

細長い形を生かして、
ホットドッグやサンドイッチに。
横に開いて、
網焼きトーストもおすすめです。

## クッペ

材料（6本分）
強力粉　300g
砂糖　大さじ1
ドライイースト　小さじ1
水　200㎖
塩　小さじ¾
ショートニング　10g
上新粉　適量

つくり方

**1**　強力粉の半量と砂糖、ドライイースト、水を大きめのボウルに入れて、なめらかになるまで手で混ぜる。

**2**　残りの強力粉と塩、ショートニングを加え、ひとまとまりになるまで大きく回転させるように混ぜる。両手で押しつけるように、体重をかけて10〜15分こねる。途中、疲れたら、乾かないようにふたつきの容器に入れて、休憩してもOK（その間に少し発酵して、こねやすくなる）。やわらかくなるスピードが落ちてきたなと感じたら、ボウルに10回ほど打ちつけるようにすると、またこねやすくなる。

**3**　だまがなくなって、表面がなめらかになるくらいこねたら、かるく丸め、オイル（分量外）をぬったふたつき容器（2ℓ入るサイズ）に入れ、温かいところに置いて50分ほど1次発酵させる。

**4**　ふたつき容器の8分目あたりまでふくらんだら、取り出して6等分に分割して（**a**）、プチパンと同じ要領で丸め、パンマットにとじ目を下にして並べる（**b・c**）。パンマットを折り返してかぶせ、その上に固くしぼったぬれぶきんをかけて10分おく（ベンチタイム）。

**5**　乾いていたら霧吹きで水をかけ、手かめん棒で12×15㎝程度に平たくのばす（**d**）。向こう側からくるくる巻いて棒状にする（**e**）。まな板の上で、転がしながら長さを17㎝ほどにし、表面に上新粉をつける（**f**）。とじ目が下になるように天板に並べ、クープを入れて（**g**）、ぬれぶきんをかけ、30〜40分、2次発酵させる。

**6**　ふっくらとしたら、210℃に熱したオーブンで13分焼く。焼き上がったら、網の上にのせて冷ます。

 _**a**_

 _**b**_

 _**c**_

 _**d**_

 _**e**_

 _**f**_

 _**g**_

SAND

## カマンベールとトマトの
## サンドイッチ

材料（1個分）
クッペ　1本
カマンベールチーズ　約⅓個（約40g）
トマト　½個
レタス　1枚
ブロッコリースプラウト　20g
にんじん　20g
きゅうり　⅓本
タルタルソース（P.12参照）　適量

つくり方
1　レタス、スプラウトは洗って水けをきり、にんじんはスライサーで極細のせん切りにする。きゅうりは皮をところどころむいて斜め薄切りにする。トマトは半分に切ってから5mm厚さにスライスして、キッチンペーパーに並べて水けを吸い取る。
2　カマンベールチーズは縦半分に切り、さらに横に4等分する。
3　クッペは真ん中あたりまで斜めに切り込みを入れ、あとは手で裂くようにして開く（切れないように）。内側にタルタルソースをぬり、きゅうり、レタスの順に入れ、カマンベール、トマト、にんじん、スプラウトの順に重ねていく。
＊　クッペを切るときは、切り込みを深く入れすぎると2つに割れてしまうので注意。ある程度まで包丁を使ったら、あとは手で引き裂くように広げるとよい。

じゃがいものクッペ ✚ サンタフェ風サンドイッチ

ふんわりとした弾力がおいしいじゃがいものパン。
水分調整が難しく、こねるのに時間がかかりますが、
その手間が報われる、自信のおいしさです。

BREAD

## じゃがいものクッペ

材料（6本分）
強力粉　300g
砂糖　大さじ1
ドライイースト　小さじ1
水　180㎖
塩　小さじ¾
ショートニング　10g
上新粉　適量
じゃがいも（塩ゆでしてから皮を除き、
　つぶしたもの）　100g（約1個分）

つくり方
1　つくり方はクッペ（P.24）を参照。クッペの工
程2で、粉類とともに、じゃがいもを加える。そ
のあとは同様につくり、工程6で、200℃に熱した
オーブンで、25～30分焼く。
＊　塩ゆでしたじゃがいもは、しっかり水けをきる
こと。

---

○　**金時豆のトマト煮**

材料とつくり方（つくりやすい分量）
1　トマト2個はざく切りに、玉ねぎ½個と、
にんにく1片はみじん切りにする。
2　フライパンにオリーブオイル小さじ2とに
んにく、種を取った赤とうがらし1本、クミン
パウダー小さじ¼を入れて火にかける。オイルに
香りが移ったら、玉ねぎ½個を加えて炒め、トマ
トと塩少々を加えて煮詰める。全体がなじんだら、
金時豆（ゆでたもの）100gを加えて混ぜ、さら
に少し煮詰めて塩、こしょう各少々で味をととの
える。
＊　冷蔵庫で約2日、冷凍庫で約1カ月保存可能。

SAND

## サンタフェ風サンドイッチ

材料（2個分）
じゃがいものクッペ　2個
金時豆のトマト煮（○）　約100g
レタス　1枚
アボカド　1個
チェダーチーズ　60g
レモン汁　小さじ1
オリーブオイル、塩　各少々
〈自家製メキシカンレリッシュ〉
A
｜　パプリカ　¼個
｜　ピーマン　1個
｜　玉ねぎ　⅛個
｜　ミニトマト　4個
B
｜　ライムのしぼり汁　小さじ1
｜　塩、タバスコ　各少々

つくり方
1　レタスは洗って水けをきる。アボカドは2つ
に分け、種と皮を除いて5㎜厚さにスライスし、
レモン汁をかけておく。
2　Aの材料をすべてみじん切りにしてざるにあ
け、余分な水けをきってからBであえる。
3　じゃがいものクッペは真ん中あたりまで斜めに
切り込みを入れ、あとは手で裂くようにして開く（切
れないように）。焼き網を熱し、裂いた面を下にして、
切り目をこんがりと焼く。はけなどでオリーブオイ
ルをぬり、塩をふる。
4　それぞれに、半分にちぎったレタスを入れ、金
時豆のトマト煮をたっぷり詰める。チェダーチーズ
をトマト煮の上にのせてアボカドを差し込むように
並べる。上から2のメキシカンレリッシュをかける。

イングリッシュマフィン

＋

チーズオムレツ＆ラタトゥイユのサンドイッチ

上下を天板で押さえて焼くので水分が逃げず、
しっとりと焼き上がります。
ほどよい厚みも、サンドイッチにぴったりです。

 *a*

 *b*

 *c*

 *d*

BREAD

## イングリッシュマフィン

材料（6個分）
強力粉　300g
砂糖　大さじ1
ドライイースト　小さじ1
水　200㎖
塩　小さじ¾
ショートニング　10g
コーンミール　大さじ1程度

つくり方
1　基本のパン（P.10〜11）のつくり方参照。工程1〜3まで、同様につくる。
2　工程4で、ふたつき容器の8分目あたりまでふくらんだら、取り出して6等分にする。表面に張りをもたせるイメージで包み込むように丸め、とじ目を下にしてパンマットに並べる。パンマットを折り返して生地にかぶせ、上に固くしぼったぬれぶきんをかけて10分おく（ベンチタイム）。
3　ひとまわり大きくなった生地をふたたび丸め直し、乾いていたら霧吹きで水をかける。表面にコーンミールをまぶして（*a*・*b*）天板に並べ（*c*）、ぬれぶきんをかけて30〜40分、2次発酵させる。
4　ふっくらとしたら、焼き上がったときに高さが出ないように同じ大きさの天板を逆さにしてかぶせ、（*d*）200℃に熱したオーブンで13分ほど焼く。焼き上がったら、網の上に出して冷ます。
＊　イングリッシュマフィンは、セルクル型に入れてきっちり焼くものですが、気軽に焼きたいので省きます。
＊　コーンミールはとうもろこしの粉。なければ、上新粉でも。

SAND

## チーズオムレツ＆ラタトゥイユの
## サンドイッチ

材料（1個分）
イングリッシュマフィン　1個
ラタトゥイユ（○）　大さじ2程度
卵　1個
ナチュラルチーズ　30g
レタス　1枚
あればセルフィーユ　1本
バジル（ドライ）　少々
塩、こしょう　各適量
オリーブオイル　小さじ2
タルタルソース（P.12参照）　小さじ2

つくり方
1　レタスとセルフィーユは、洗って水けをきる。
2　ボウルに卵を割り入れ、塩、こしょう、チーズ、バジルを入れてよく混ぜる。
3　フライパンにオリーブオイルを熱し、2の卵液を流し入れ、手早くかき混ぜながらマフィンの大きさにまとめる。
4　マフィンは横にざっくりと割って断面を網焼きし、はけでオリーブオイル（分量外）をぬる。
5　下になる方のパンにタルタルソースをぬってレタスをのせ、3をのせる。上にラタトゥイユを盛り、セルフィーユをのせる。
6　上になるパンにタルタルソースを少しのせ、レタスをおいて5に重ねる。
＊　チーズの塩けがあるので、2の塩はひかえめに。
＊　見ためが華やかなのでオープンサンドにしても。

## ○ ラタトゥイユ

材料（つくりやすい分量）
完熟トマト　3個（またはトマト水煮缶）
なす　3本
玉ねぎ　1個
ピーマン　3個
パプリカ　1個
にんじん　1本
にんにく　1片
赤とうがらし　1本
オリーブオイル　大さじ3
塩、こしょう、オレガノ（ドライ）　各適量

つくり方
1　トマトはへたをくりぬいてざく切りに、なすはへたを取り、皮をところどころむいて1.5cm厚さに切る。玉ねぎは乱切り、ピーマンとパプリカはへたと種を取って乱切り、にんじんは5mm厚さのいちょう切り（細い部分は丸形でよい）、にんにくはみじん切りにする。赤とうがらしはへたと種を取り除く。
2　鍋にオリーブオイルを熱し、弱火で赤とうがらしとにんにくを炒め、香りが出てきたら、なすを加えて炒める。
3　2に玉ねぎを加えて炒め合わせ、にんじん、ピーマン、パプリカを順に加えて炒め合わせる。
4　トマトを加えてふたをし、野菜からじっくり水分を引き出す。
5　全体がなじんでやわらかくなったら、オレガノ、塩、こしょうで味をととのえる。
＊　冷蔵庫で2日保存可能。
＊　ズッキーニやかぼちゃを加えてもおいしい（かぼちゃは煮くずれすぎないよう注意）。

トマトマフィン

+

なすのフライと、ズッキーニのフライサンド

トマトジュースで気軽につくるトマトマフィンは、
かわいい色合いを生かしたサンドイッチもおすすめ。
中にチーズを入れて焼いても。

## トマトマフィン

材料（6個分）
強力粉　300g
砂糖　大さじ1
ドライイースト　小さじ1
塩　小さじ¾
ショートニング　10g
無塩トマトジュース　200mℓ
水　10mℓ
上新粉　大さじ1程度

つくり方
つくり方は、イングリッシュマフィン（P.30）を参
照。水のかわりに、トマトジュースと水を加える（基
本のつくり方P.10の工程1参照）。イングリッシュ
マフィンの工程3で、コーンミールのかわりに上
新粉をまぶす。あとは、同様につくる。
＊　寒い時期は、トマトジュースを人肌に温めておく。

## なすのフライと、ズッキーニのフライサンド

材料（4個分）
トマトマフィン　4個
なす、ズッキーニ　各1本
サラダ菜　4枚
スプラウト　30g
にんじん　30g
玉ねぎ　¼個
赤玉ねぎ　¼個
ピーマン　1個
パプリカ　¼個
小麦粉、卵、パン粉　各適量
マヨネーズ　大さじ2
塩、こしょう　各適量
揚げ油　適量
オリーブオイル　適量

つくり方
1　サラダ菜、スプラウトは洗って水けをきる。に
んじんはスライサーを使って極細のせん切りにす
る。玉ねぎ、赤玉ねぎは薄切りにして水にさらして
水けをきっておく。

2　ピーマンとパプリカはそれぞれ細かいみじん切
りにして、かるく水けをふき、それぞれマヨネーズ
（大さじ1ずつ）とあえ、赤いソースと緑のソース
をつくる。
3　なす、ズッキーニはそれぞれへたを取り、1.5
cmの輪切りにする。なすは水に5分ほどさらして
から水けをきる。それぞれ、両面に塩、こしょうを
して、小麦粉、卵、パン粉の順に衣をつける。
4　小さなフライパンに揚げ油を1cm深さ程度入
れ、菜箸を入れて細かな気泡が立つくらいに温まっ
たら3を揚げる。
5　トマトマフィンは横にざっくりと割って断面を
網焼きし、はけでオリーブオイルをぬる。
6　マフィン4枚それぞれにサラダ菜をはみ出さ
ないように折り込んでのせる。2枚になすのフライ
を半分ずつおき、残り2枚にズッキーニのフライ
を半分ずつおいて、なすには2の赤いソースを、ズッ
キーニには2の緑のソースをかける。
7　残り4枚のマフィンにもサラダ菜をおき、な
すと組み合わせる方にはにんじんと赤玉ねぎを、
ズッキーニの方にはスプラウトと玉ねぎをおき、食
べる直前に重ねる。

# マフィンいろいろ

成形が簡単なマフィンは、ブレンドパン向き。
そしてどれも、フライパンで（P.96）つくることができます。

### 玄米のマフィン

粉に対して30％程度の炊き上がった玄米を
練り込む。玄米はやや固めに炊き上げるとつ
くりやすい。もっちりした食感に。

### チョコレートマフィン

粉の5％程度のココアを入れて生地をつく
る。分割時と成形時の2回に分けて20gの
クーベルチュールチョコレートを混ぜ込む。

### 天然酵母ナチュラルチーズ入り
ブルーベリーマフィン

粉に対して12％のドライブルーベリーを練
り込み、成形時にナチュラルチーズを入れる。
長時間発酵でブルーベリーがなじむ。

### ナチュラルチーズ入り
トマトマフィン

粉に対して5％のドライトマトをきざんで加
え、水分量をトマトジュースに代える。成形
時にナチュラルチーズを包み、生地を閉じる。

## 天然酵母ハワイのマフィン

粉の5％のオレンジピールと10％のロース
トくるみを加える。成形時に8％のマカダミ
アナッツと8％のラムレーズンを入れる。

## 天然酵母
## よもぎとくるみのマフィン

粉に対して5％程度のゆでてきざんだよもぎ
（乾燥よもぎなら3％程度）と15％のロース
トしたくるみを一緒にこねる。

## じゃがいものマフィン

粉に対して30％のゆでたじゃがいもを練り
込む。じゃがいもはゆですぎないように注意。
水分量は生地の60％にする。

## 天然酵母シナモンレーズン
## くるみのマフィン

粉の15％のローストくるみ、1％のシナモン
パウダーを入れる。20％のラムレーズンをこ
ね上がりに半量加え、成形時に残りを加える。

ピタパン　＋　春野菜と焼きお揚げのピタサンドイッチ

高温＋短時間で焼き上げるので、
ぷっくり空洞のあるパンになります。
手でざっくり開いて
サンドイッチに。

BREAD

## ピタパン

材料 (7個分)
強力粉　300g
砂糖　大さじ1
ドライイースト　小さじ1
水　180㎖
塩　小さじ¾
ショートニング　20g

つくり方

1　強力粉の半量、砂糖、ドライイースト、水を大きめのボウルに入れて、なめらかになるまで手で混ぜる。

2　残りの強力粉、塩、ショートニングを加え、ひとまとまりになるまで大きく回転させるように混ぜる。両手で押しつけるように、体重をかけて10〜15分こねる。途中、疲れたら、乾かないようにふたつきの容器に入れて、休憩してもOK（その間に少し発酵して、こねやすくなる）。やわらかくなるスピードが落ちてきたなと感じたら、ボウルに10回ほど打ちつけるようにすると、またこねやすくなる。

3　だまがなくなって、表面がなめらかになるくらいこねたら、かるく丸め、オイル（分量外）をぬったふたつき容器（2ℓ入るサイズ）に入れ、温かいところに置いて50分ほど1次発酵させる。

4　容器の8分目くらいまでふくらんだら、取り出して7等分に分割して（**a**）丸め、パンマットの上に並べる。パンマットを折り返して生地にかぶせ、上に固くしぼったぬれぶきんをかけて（**b**）15分おく（ベンチタイム）。

5　ひとまわり大きくなったら生地を天板に移し、めん棒で12〜13㎝の楕円形になるように均一にのばす（**c**）。固くしぼったぬれぶきんをかけて20分ほどおく。

6　250℃に熱したオーブンで4分焼く。焼き上がったら乾かないようにパンマットにくるんで冷ます。

＊　その日のうちに食べない場合は、ぺたんこにしてビニール袋に入れ、袋の空気を抜く。さらにもう1枚ビニール袋に入れて冷凍すると、1カ月ほど保存できる。

＊　うまく開かないときや、破れたときは、チーズをのせてピザ風にしたり、ナンのようにカレーやシチューに添えても。

## 春野菜と焼きお揚げのピタサンドイッチ

材料（4個分）
ピタパン　2個
油揚げ　½枚
さやいんげん　8本
スナップえんどう　4本
にんじん　40g
新玉ねぎ　¼個
きゅうり　⅕本
レタス　2枚
青じそ　4枚
白すりごま　小さじ2
しょうゆ　小さじ½
ポン酢　小さじ1
こしょう　少々
タルタルソース（P.12参照）　小さじ2

つくり方
1　さやいんげん、スナップえんどうは筋を取る。沸騰した湯に塩（湯量の1％程度・分量外）を加えて、さやいんげんをゆでる。1〜2分後にスナップえんどうを加え、1〜2分たったら同時にざるにとって冷ましてから、斜め薄切りにする。
2　フライパンを熱し、油揚げを両面香ばしく焼く。粗熱がとれたらせん切りにして、しょうゆであえる。
3　にんじんは皮をむき、スライサーで極細のせん切りにする。玉ねぎはスライサーでごく薄切りにして水に5分さらしてから水けをきる。きゅうりは斜め薄切りにしてからせん切りにする。
4　レタスは洗って水けをきる。青じそは洗って水けをきり、せん切りにする。
5　レタス以外の野菜をボウルに入れて、すりごま、こしょう、2の油揚げを入れてさっと混ぜる。ポン酢を加えて、さっと混ぜる。
6　ピタパンは1個を半分に切り、袋状に開く。それぞれ内側にタルタルソースをぬり、レタスをしいてから5を詰める。

a

b

c

ごまのピタパン

+

れんこん揚げと水菜サラダのサンドイッチ

白ごまと黒ごま、両方を使うので、
見ためにも楽しく、味わいにも奥行きが出ます。
ごまの風味と相性のいいフィリングをはさんで。

BREAD

## ごまのピタパン

材料（7枚分）
強力粉　300g
砂糖　大さじ1
ドライイースト　小さじ1
水　185㎖
塩　小さじ¾
ショートニング　20g
炒りごま（白、黒）　各大さじ1

つくり方
つくり方はピタパン（P.38）を参照。ピタパンの工
程2で、炒りごまを加え（a）、あとは同様につくる。
＊　ピタパンのブレンドは、ごまのほかに、キャロ
ブ（パウダー）にしても。強力粉を、一部グラハム
粉（全粒粉）にしても、ライ麦粉にしてもおいしい。

**a**

SAND

## れんこん揚げと水菜サラダのサンドイッチ

材料（4個分）
ピタパン　2個
れんこん（小）　1節
水菜　½束
レタス　2枚
にんじん　40g
玉ねぎ　¼個
松の実　大さじ1
すりごま　大さじ2
塩、こしょう　各少々
揚げ油　適量
ごま油ドレッシング（○）　大さじ2
タルタルソース（P.12参照）　小さじ2

つくり方
1　水菜はよく洗って3cm長さに切って水けをき
る。レタスは洗ってよく水をきる。にんじんは皮を
むき、スライサーで極細のせん切りにする。玉ねぎ
は薄切りにして、水にさらしてから水けをきる。

2　れんこんは2㎜程度の薄切りにして、水にさ
らしてから水けをきる。松の実はフライパンで軽く
色づくまでから炒りし、塩少々をふる。
3　れんこんは180℃の油でからりと揚げて塩を
ふる。
4　水菜、玉ねぎ、にんじんとすりごま、松の実、
塩、こしょうをボウルに入れ、ざっくりと混ぜる。
さらにごま油ドレッシングを加え、れんこん揚げの
半量を手でくだきながら入れて混ぜる。
5　ピタパンは1個を半分に切り、袋状に開く。
内側にタルタルソースをぬり、レタスをしいて4
を詰める。残りのれんこん揚げを差し込むように入
れる。

### ○　ごま油ドレッシングのつくり方

太白ごま油、米酢各50㎖としょうゆ小さじ1、塩、
こしょう各適量を瓶などに入れてよく振る。
＊　冷蔵庫で2週間ほど保存可能。

フォカッチャ ✚ きのこソテーのサンドイッチ

上にチーズをのせればピッツァに、
開いてフィリングを詰めれば
サンドイッチになります。
しこっとした食感も魅力のひとつ。

## フォカッチャ

材料（6枚分）
強力粉　300g
砂糖　大さじ1
ドライイースト　小さじ1
水　200ml
塩　小さじ¾
オリーブオイル　小さじ2½

つくり方

**1**　強力粉の半量と砂糖、ドライイースト、水を大きめのボウルに入れて、なめらかになるまで手で混ぜる。

**2**　残りの強力粉と塩、オリーブオイルを加えて（**a**）、ひとまとまりになるまで大きく回転させて混ぜる。両手で押しつけるように、体重をかけて10〜15分こねる。途中、疲れたら、乾かないようにふたつきの容器に入れて、休憩してもOK（その間に少し発酵して、こねやすくなる）。やわらかくなるスピードが落ちてきたなと感じたら、ボウルに10回ほど打ちつけるようにすると、またこねやすくなる。

**3**　だまがなくなって、表面がなめらかになるくらいこねたら、かるく丸めて、オイル（分量外）をぬったふたつき容器（2ℓ入るサイズ）に入れて、温かいところに置いて50分ほど1次発酵させる。

**4**　容器の8分目あたりまでふくらんだら、取り出して6等分にする。表面に張りをもたせるイメージで、包み込むように丸める。パンマットを敷き、生地をとじ目を下にして並べる（**b**）。パンマットを折り返してかぶせ、上に固くしぼったぬれぶきんをかけて10分おく（ベンチタイム）。

**5**　ひとまわり大きくなったら、生地を天板の上で平たく12〜13cmの楕円形にのばし（**c**）、ぬれぶきんをかけて30分ほど2次発酵させる。

**6**　ふっくらとしたら、指先にオリーブオイル（分量外）をつけて、ところどころへこませる（**d**）。

**7**　200℃に熱したオーブンで7分ほど焼く。焼き上がったら、網の上にのせて冷ます。

## きのこソテーのサンドイッチ

材料 (4個分)
フォカッチャ　2個
しめじ　½パック (80g)
エリンギ　½パック (50g)
えのきだけ　½パック (100g)
グリーンリーフ　2枚
スプラウト　1パック (50g)
にんじん　30g
オリーブオイル　小さじ2
塩、こしょう　各適量
タルタルソース (p.12参照)　小さじ2
味噌ソース (○)　小さじ2

つくり方
1　グリーンリーフ、スプラウトは洗って水をきる。にんじんは皮をむいてスライサーで極細のせん切りにする。
2　しめじは石づきを取って小房に分け、エリンギは長さを半分にしてからせん切り、えのきは根元を落とし、長さを半分に切る。
3　フライパンにオリーブオイルを熱し、2を入れて塩をふり、混ぜ合わせてからふたをする。途中、ふたを開けて上下を返し、水分が出てきたら、ふたをはずして強火にし、水分を飛ばしてこしょうをふる。
4　フォカッチャを半分に切る。さらに包丁で切り込みを入れてポケット状にし、内側にタルタルソースをぬって、上に味噌ソースを重ねる。グリーンリーフは1枚を半分にちぎってそれぞれにしき、3をたっぷり詰める。上から、にんじんとスプラウトを奥の方に差し込むように入れる。
＊　好みで七味とうがらしやゆず、山椒などを加えても。
＊　味噌ソースはサンドイッチだけでなく、肉のソテーの仕上げに使ったり、魚につけたりと便利。

### ○ 味噌ソースのつくり方

1　小鍋に砂糖 (大さじ2)、日本酒 (大さじ2)、みりん (50㎖) を入れて火にかけ、アルコール分を飛ばしつつ、砂糖を溶かす。
2　一度火を止め、味噌 (200g) を溶き入れる。ふたたび火をつけ、ふつふつと沸いたらすぐに火を止める。清潔な瓶に入れて保存する。
＊　冷蔵庫で約1カ月保存可能。

a

b

c

d

バジル入りチーズフォカッチャ

+

夏野菜のソテー サンドイッチ

バジルの香りとチーズの味わいが、生地と相性ぴったり。
そのままでもおいしいけれど、野菜を詰めるだけでも、
おいしいサンドイッチが完成します。

BREAD

## バジル入りチーズフォカッチャ

材料（6枚分）
強力粉　300g
砂糖　大さじ1
ドライイースト　小さじ1
水　200㎖
塩　小さじ¾
オリーブオイル　小さじ2½
乾燥スイートバジル　小さじ2
ナチュラルチーズ　40g

a

つくり方
つくり方はフォカッチャ（P.44）を参照。フォカッ
チャの工程2で、塩、オリーブオイルとともに、バ
ジルを加える（a）。そのあとは同様につくり、フォ
カッチャの工程4で、6等分したあと、それぞれに
ナチュラルチーズを混ぜ込みながら丸め、あとは同
様につくる。
＊　バジルのかわりにオレガノやペッパーを加えて
もよい。

SAND

## 夏野菜のソテー サンドイッチ

材料（4個分）
バジル入りチーズフォカッチャ　2個
なす　1本
ズッキーニ　1本
ピーマン　2個
パプリカ　½個
かぼちゃ　50g
レタス　2枚
オリーブオイル　大さじ1
タルタルソース（P.12参照）　小さじ2
塩、こしょう　各適量

つくり方
1　レタスは洗って水けをきり、半分にちぎる。

2　なす、ズッキーニは1㎝厚さの輪切りにする。
なすは水にさらしてあくを抜き、水けをきる。ピー
マンとパプリカはへたをくりぬきながら種も一緒に
除き、繊維に対して直角に輪切りにする。かぼちゃ
は5㎜幅に切る。
3　フライパンにオリーブオイルを熱し、2の野菜
を重ならないように並べて塩、こしょうをふり、両
面こんがりと焼いてキッチンペーパーに取り出す。
4　フォカッチャを半分に切る。さらに包丁で切り
込みを入れてポケット状にし、タルタルソースをつ
け、それぞれにレタスをしく。かぼちゃ、ズッキーニ、
なす、パプリカ、ピーマンの順に重ねて入れ込む。
＊　野菜をソテーするとき、早めの段階で塩をふる
と、火が早くとおるため、短時間でおいしく焼き上
がる。からからになってしまうようなら、オリーブ
オイルを足して。

ミニローフ ✛ 揚げないコロッケのサンドイッチ

厚切りトーストだって、
ボリュームいっぱいのサンドイッチだって、
このサイズなら、ぺろりと食べられます。

# ミニローフ

材料（8 × 17cmのミニローフ型 2 台分）
強力粉　360g
砂糖　大さじ 1⅛
ドライイースト　小さじ 1⅛
水　240㎖
塩　小さじ 1 弱
ショートニング　10g

つくり方
**1**　強力粉の半量と砂糖、ドライイースト、水を大きめのボウルに入れて、なめらかになるまで手で混ぜる。

**2**　残りの強力粉と塩、ショートニングを加え、ひとまとまりになるまで大きく回転させるように混ぜる。両手で押しつけるように、体重をかけて 10 〜 15 分こねる。途中、疲れたら、乾かないようにふたつきの容器（2ℓ入るサイズ）に入れて、休憩しても OK（その間に少し発酵して、こねやすくなる）。やわらかくなるスピードが落ちてきたなと感じたら、ボウルに 10 回ほど打ちつけるようにすると、またこねやすくなる。

**3**　だまがなくなって、表面がなめらかになるくらいこねたら、かるく丸め、オイル（分量外）をぬったふたつき容器に入れ、温かいところに置いて 50 分ほど 1 次発酵させる。

**4**　容器の 8 分目あたりまでふくらんだら、6 等分して表面に張りをもたせるイメージで包み込むように丸める。パンマットに生地をとじ目を下にして並べる。パンマットを折り返して生地にかぶせ、上に固くしぼったぬれぶきんをかぶせて 15 分おく（ベンチタイム）。

**5**　ひとまわり大きくなった生地をまな板に移し、めん棒で（なければ手でもよい）長方形にのばし、3 つ折りにする（**a**）。生地の位置を 90 度変えて、さらにもう一度 8 × 18cm 程度の長方形にのばし、向こう側からくるくると巻く（**b・c**）。

 ___**a**___

 ___**b**___

 ___**c**___

 ___**d**___

**6**　巻き終わりを下にして、オイルをぬったローフ型に並べ（**d**）、上からぬれぶきんをかけて 50 分ほど発酵させる。

**7**　型から生地が 3cm ほど盛り上がってきたら、200℃に熱したオーブンで 20 分ほど焼く。焼き上がったら型からはずし、網の上に出して冷ます。

# 揚げないコロッケのサンドイッチ

材料（2個分）
ミニローフ　4枚（1cm厚さに切ったもの）
合いびき肉　50g
じゃがいも（大）　1個
玉ねぎ　⅛個
レタス　1枚
サラダ菜　4枚
にんじん　30g
きゅうり　½本
キャベツ　1枚
ピクルス（市販品・自家製の場合は〇を参照）
　適量
牛乳　小さじ2
オリーブオイル　適量
辛子マヨネーズ（マヨネーズに
　練り辛子少々を混ぜたもの）　小さじ2
塩、こしょう、ケチャップ　各少々

つくり方
1　玉ねぎは細かいみじん切りにする。レタス、サラダ菜は洗って水けをきり、にんじんは皮をむいてスライサーで極細のせん切りにする。きゅうりは皮をところどころむいて斜め薄切りにする。ピクルスは食べやすくスライスする。キャベツの葉はせん切りにする。

2　じゃがいもは皮をむいて乱切りにし、竹串がスッと通るまで塩ゆでする。湯を捨て、ふたたび火にかけて水分を飛ばし、粉ふきいもにしてからマッシュする。塩、こしょう、牛乳を加えて混ぜる。

3　フライパンにひき肉と玉ねぎを入れて火にかけ、炒める。塩、こしょうをふり、2を加えて混ぜ合わせる。

4　焼き網を熱し、パンを両面こんがりと焼く。サンドイッチにしたときに内側になる面それぞれに、オリーブオイルをはけでぬる。

5　下になるパンにきゅうりを並べ、サラダ菜をパンの形に合わせて折りたたんでのせる。上に3をのせてケチャップを少しつけ、せん切りキャベツをのせる。上になるパンに辛子マヨネーズをぬり、レタス、ピクルスをのせてサンドし、上から押さえてなじませる。

## 〇 自家製ピクルス

つくり方（つくりやすい分量）
1　きゅうり500gはぶつ切り、にんじん中1本は皮をむいて長さを半分に切り、1cm角のスティックにする。玉ねぎ½個は繊維にそって3mm幅にスライスする。パプリカ2個はへたと種を取り、縦に5mm幅にスライスする。
2　ピクルス液の材料（水400mℓ、酢300mℓ、塩25g、砂糖（てんさい糖）50g、ブラックペッパー（ホール）大さじ1、コリアンダー・グローブ・ブラウンマスタード（粒）各小さじ1、赤とうがらし1本、ローリエ1枚）を鍋に入れて火にかけ、沸騰したらきゅうりの⅓量を入れて5秒で火を止めて取り出す。
3　ふたたび火をつけて沸騰したらきゅうりの⅓量を入れて5秒後に取り出す。これをもう一回くり返す。
4　残りの材料も同じように沸騰させた液に入れては取り出し、煮沸消毒した瓶に詰める。
5　ピクルス液はもう一度沸騰させてから冷まし、室温くらいまで冷めたら、4に注ぐ。
6　冷蔵庫で保存し、次の日から食べられる。
＊　冷蔵庫で2～3週間保存可。食べはじめたら1週間以内に食べる。一度に大きな瓶につくるより、3つほどに分けてつくるのがおすすめ。
＊　スパイス類はすべてそろわなくても大丈夫。野菜類から香りや甘味も出るのでブラックペッパーだけでもおいしくできる。にんにくを加えてもよい。庭にハーブがあるのなら、タイムやローズマリーを少し加えてみても。

オートミールのミニローフ

＋

豆腐としょうがサラダのサンドイッチ

どこか懐かしい、はちみつとオーツ麦の香り。
バターをつけると、まるでパンケーキのような味わい。
ビタミン、食物繊維が豊富なのも、うれしいところです。

BREAD

## オートミールのミニローフ

材料（8 × 17cmのミニローフ型 2 台分）
強力粉　360g
砂糖　大さじ 1⅓
ドライイースト　小さじ 1⅓
水　230㎖
塩　小さじ 1 弱
ショートニング　10g
オートミール　80g
はちみつ　小さじ 2

つくり方
つくり方はミニローフ（P.50）を参照。オートミー
ルは同量の水（分量外）でふやかし、塩ひとつまみ（分
量外）を加えておく。ミニローフの工程 2 で、ふや
かしたオートミール、はちみつを加える（**a**）。あと
は同様につくる。

*a*
ー

SAND

## 豆腐としょうがサラダのサンドイッチ

材料（2 個分）
オートミールのミニローフ　4 枚（1cm厚さ）
木綿豆腐　½丁
新しょうが　10g
水菜　¼束
玉ねぎ　¼個
レタス　2 枚
スプラウト、にんじん　各30g
きゅうり　½本
木の芽　5 〜 6 枚
大豆の水煮　15 粒程度
辛子マヨネーズ（マヨネーズに
　練り辛子少々を混ぜたもの）　大さじ 1
白すりごま　大さじ 1
ごま油ドレッシング（P.41 参照）　小さじ 2
塩、こしょう　各適量

つくり方
1　豆腐は 1.5cm角に切って、キッチンペーパーで
よく押さえて水けをきる。辛子マヨネーズとすりご
まを混ぜ合わせて、ごまマヨネーズをつくる。
2　しょうがはせん切りにする。水菜は 3cm長さ
に切る。玉ねぎは薄切りにして水にさらしてから、
水けをきる。レタス、スプラウトは洗って水をきる。
にんじんは皮をむいてスライサーで極細のせん切り
にする。きゅうりは皮をところどころむいて斜め薄
切りにする。木の芽は大きいものはきざんでおく。
3　ボウルにしょうが、にんじん、玉ねぎ、水菜、
木の芽を入れてバランスよく合わせ、水切りした豆
腐、大豆を加えてドレッシングと塩、こしょうをふ
りかけてざっくり混ぜる。
4　下になるパンのサンドイッチの内側になる面に
辛子マヨネーズをぬり、きゅうりを並べて 3 の豆
腐サラダをたっぷり盛る。さらにレタスをパンの形
に合わせて折り込んでのせ、上にのせるパンの内側
に 1 のごまマヨネーズをぬって重ね、押さえる。

ベーグル ✚ ベーグルハンバーガー

独特のつや感と弾力ある味わいは、
焼く前に一度ゆでるから。
クリームチーズやピーナッツバターを
シンプルにサンドして。

## ベーグル

材料（6個分）
強力粉　300g
砂糖　大さじ1½
ドライイースト　小さじ1
水　195㎖
塩　小さじ¾
ショートニング　10g
はちみつ（または砂糖）　大さじ1

つくり方

**1**　強力粉の半量と砂糖、ドライイースト、水を大きめのボウルに入れて、なめらかになるまで手で混ぜる。

**2**　残りの強力粉と塩、ショートニングを加え、ひとまとまりになるまで大きく回転させるように混ぜる。両手で押しつけるように、体重をかけて10〜15分こねる。途中、疲れたら、乾かないようにふたつきの容器（2ℓ入るサイズ）に入れて、休憩してもOK（その間に少し発酵して、こねやすくなる）。やわらかくなるスピードが落ちてきたなと感じたら、ボウルに10回ほど打ちつけるようにすると、またこねやすくなる。

**3**　表面がなめらかになるくらいこねたら、かるく丸め、オイル（分量外）をぬったふたつき容器に入れ、温かいところに置いて50分ほど1次発酵させる。

**4**　容器の5分目あたりまでふくらんだら、取り出して両手で生地を丸め直し（パンチし）、ガスを抜く。ふたたび容器に戻し、ふたをして30分ほど発酵を続ける。

**5**　ふたたび大きくなったら取り出して6等分にして丸め（**a**）、パンマットの上に並べる。パンマットを折り返して生地にかぶせ、上から固くしぼったぬれぶきんをかけて15分おく（ベンチタイム）。

**6**　ひとまわり大きくなったら、もう一度空気を抜くように丸めてから、中央に親指を入れて穴をあけ（**b**）、穴を広げるようにして天板に置く。固くしぼったぬれぶきんをかけて、20分ほど2次発酵させる。

**7**　大きな鍋でたっぷり水を沸かす。沸騰したらはちみつを加える。6の生地を表面になる方を下にして、ひとつずつ湯の中に入れる。6個目を入れ終わったら、続けて1個目から裏返す（**c**）。6個目を返し終わったら、1個目を取り出し、順に天板に並べる。

**8**　200℃に熱したオーブンで15分焼く。焼き上がったら網の上に出して冷ます。

＊　湯にはちみつを加えると、照りと甘味がつく。

SAND

## ベーグルハンバーガー

材料（4個分）
ベーグル　4個
〈ハンバーグ〉
A
　　合いびき肉　300g
　　玉ねぎ（細かいみじん切り）　½個分
　　卵　1個
　　パン粉、牛乳　各大さじ1
　　塩　小さじ¼
　　こしょう　少々
レタス　2枚
赤玉ねぎ　½個
ズッキーニ　1本
かぼちゃ　⅛個
チェダーチーズ　40g
オリーブオイル　適量
塩、こしょう　各少々
タルタルソース（P.12 参照）　適量
自家製メキシカンレリッシュ（P.27 参照）　適量

つくり方
1　レタスは洗って水をきる。赤玉ねぎは薄切りにして水にさらし、水けをきる。ズッキーニは1cm厚さ、かぼちゃは5mm厚さにスライスする。
2　Aをすべてボウルに入れてよく混ぜて4等分し、ベーグルより少し小さくなるように丸める。フライパンにオリーブオイルを熱してハンバーグの両面をこんがりと焼く。熱いうちに、包丁で薄く削ったチェダーチーズをのせる。
3　2のフライパンで、ハンバーグから出た油を使ってズッキーニ、かぼちゃを焼いて、塩、こしょうする。
4　ベーグルは横にスライスする。断面を網焼きにし、内側になる面にオリーブオイルをはけでぬる。1枚にタルタルソースをぬって、2のハンバーグ、メキシカンレリッシュをのせる。もう1枚に半分にちぎったレタス、かぼちゃ、ズッキーニ、赤玉ねぎをのせ、2枚をサンドする。
＊　ハンバーグの玉ねぎは、細かいみじん切りにすると、"炒める→冷ます"の手間がなくなり、炒める油も使わないのでヘルシー。つくり方も手軽になるのでおすすめ。
＊　ハンバーガーは、マフィンでつくってもよい。

*a*

*b*

*c*

クランベリーベーグル

✚

クリームチーズとローストチキンのサンドイッチ

ビタミンCたっぷりの、クランベリーを入れたら、
甘酸っぱくて、ルックスもかわいいピンク色。
ぴったりなのは、チーズ系のフィリングです。

BREAD

## クランベリーベーグル

材料（6個分）
強力粉　300g
砂糖　大さじ1½
ドライイースト　小さじ1
水　195㎖
塩　小さじ¾
ショートニング　10g
ドライクランベリー　40g
ラム酒　小さじ½
はちみつ　大さじ1

つくり方
つくり方はベーグル（P.56）参照。ドライクランベリーは、さっと湯通ししてから水けをきり、ラム酒をふりかけ、半量を粗くきざむ。ベーグルの工程2でドライクランベリーを加え、あとは同様につくる。
＊　クランベリーだけでなく、クランベリーとくるみ、クランベリーとブルーベリーなど、好みで組み合わせて。

SAND

## クリームチーズとローストチキンのサンドイッチ

材料（2個分）
クランベリーベーグル　2個
とりむね肉　100g
クリームチーズ　80g
レタス　1枚
にんじん　30g
きゅうり　½本
ピーマン（赤、緑）　各½個
オリーブオイル　小さじ1
マヨネーズ　小さじ1
〈マリネ液〉
A
　　オリーブオイル、レモン汁　各小さじ1
　　ハーブ（ローズマリー、タイムなど）　各1枝
　　にんにく（かるくつぶす）　1片
　　塩、こしょう　各少々

準備
Aを合わせてマリネ液をつくり、とりむね肉を30分以上つけておく。クリームチーズは室温にもどしてやわらかくしておく。

つくり方
1　レタスは洗って水をきり、半分にちぎる。にんじんは皮をむき、スライサーで極細のせん切りにする。きゅうりは皮をところどころむいて斜め薄切りにする。ピーマンはへたと種を取り除き、せん切りにする。
2　フライパンにオリーブオイルを熱し、マリネしておいたとり肉をソテーする。焼き上がったらキッチンペーパーにとって、余分な油をきる。冷めて肉汁が落ち着くまで、そのままおく。
3　とり肉が完全に冷めたら、5㎜程度の斜め薄切りにする。
4　クランベリーベーグルは横にスライスし、内側になる面にクリームチーズをぬる。1枚にきゅうりを並べ、とり肉、ピーマンをのせる。もう1枚にマヨネーズをぬってレタス、にんじんをのせ、サンドする。

# ベーグルいろいろ

さまざまな素材を練り込んで、フレーバーを楽しみます。
ベーグルごとの、おすすめのシンプルサンドも紹介。

### チョコレートベーグル

粉の5％程度のココア入りの生地にクーベル
チュールチョコレート25gを練り込む。入
れすぎるとくずれやすくなるので注意。

### パンプキン＆シードベーグル

粉の15％程度の蒸したかぼちゃとロースト
したかぼちゃの種15％を一緒にこねる。
5％のパンプキンパウダーでも代用できる。

### オートミールベーグル

粉の25％程度のオートミールを同量の水で
ふやかしてから粉と一緒にこねる。はちみつ
小さじ1入れると風味と色づきがよくなる。

### チョコくるみ
### クランベリーベーグル

チョコレートベーグルに10％のきざんだク
ランベリーと15％のローストくるみをプラ
ス。クランベリーをレーズンに代えても。

## ブルーベリーベーグル

ブルーベリージャム大さじ1を水に加え、粉の10%のきざんだドライブルーベリーを一緒にこねる。水分量はジャムの固形分で調節。

## レーズンベーグル

粉に対して20%程度のラムレーズンを、こね上がりに半量、成形時に半量加える。入れすぎると形がくずれやすくなるので注意。

## キャロブくるみベーグル

粉に対して5%程度のキャロブパウダーと15%のローストくるみを一緒にこねる。ドライフルーツを加えてもおいしい。

## よもぎくるみベーグル

粉に対して5%程度のゆでてきざんだよもぎ（乾燥よもぎなら3%程度）と15%のローストくるみを一緒にこねる。

イギリスパン

+

ハッシュドポテトとサニーサイドアップのサンドイッチ

生地をのびのびと焼き上げた
イギリスパンは、
サクッとした食感が魅力的。
朝食には、欠かせないパンです。

# イギリスパン

材料（9 × 18.5cmのローフ型1台分）
強力粉　330g
砂糖　大さじ1
ドライイースト　小さじ1
水　220ml
塩　小さじ⅔
ショートニング　10g

つくり方
1　強力粉の半量と砂糖、ドライイースト、水を大きめのボウルに入れて、なめらかになるまで手で混ぜる。
2　残りの強力粉と塩、ショートニングを加え、ひとまとまりになるまで大きく回転させるように混ぜる。両手で押しつけるように、体重をかけて10〜15分こねる。途中、疲れたら、乾かないようにふたつきの容器に入れて休憩してもOK（その間に少し発酵して、こねやすくなる）。やわらかくなるスピードが落ちてきたなと感じたら、ボウルに10回ほど打ちつけるようにすると、またこねやすくなる。

3　だまがなくなって、表面がなめらかになるくらいこねたら、かるく丸め、オイル（分量外）をぬったふたつき容器（2ℓ入るサイズ）に入れ、温かいところに置いて50分ほど1次発酵させる。
4　容器の8分目あたりまでふくらんだら、取り出して両手で生地を丸め直し（パンチし）、ガスを抜く。ふたつきの容器に戻し、ふたをして30分ほど発酵を続ける。
5　ふたたび大きくなったら取り出して、2等分にして丸め、パンマットの上に並べる（**a**）。マットを折り返してかぶせ、上に固くしぼったぬれぶきんをかけて15分おく（ベンチタイム）。
6　ひとまわり大きくなった生地をまな板に移し、めん棒で（なければ手でもよい）長方形にのばし、3つ折りにする（**b**）。90度生地の位置を変えて、さらにもう一度10 × 20cm程度の長方形にのばし（**c**）、向こう側からくるくると巻く（**d**）。
7　巻き終わりを下にして、オイル（分量外）をぬったローフ型に並べ（**e**）、上からぬれぶきんをかけて50分ほど発酵させる。
8　型から生地が3cmほど盛り上がってきたら（**f**）、200℃に熱したオーブンで30分ほど焼く。焼き上がったら型からはずし、網の上に出して冷ます。

*a*
—

*b*
—

*c*
—

*d*
—

*e*
—

*f*
—

SAND

## ハッシュドポテトと
## サニーサイドアップのサンドイッチ

材料（1個分）
イギリスパン　2枚（1.5cm厚さ）
ベーコン　1枚
じゃがいも　1個
卵　1個
レタス　1枚
オリーブオイル　適量
塩、こしょう　各適量
タルタルソース（P.12参照）　小さじ1

つくり方

1　レタスは洗って水けをきる。

2　じゃがいもはスライサーでせん切りにする。フライパンにオリーブオイル小さじ2を熱し、じゃがいもをパンと同じ形に広げ入れ、塩、こしょうをふる。

3　固まってきたらひっくり返し、フライ返しで押さえる。フライパンの空いているところでベーコンを焼く。両方ともカリッと焼き上がったらキッチンペーパーにとり、余分な油を吸い取る。

4　フライパンを一度洗ってからオリーブオイル小さじ1を熱し、卵を割り入れすぐにふたをする。白身のふちが、カリッとしてきたら、水小さじ1（分量外）を入れてふたたびふたをして蒸し焼きにする。水分が飛んだら火を止める。黄身に膜が張ったらそれ以上火がとおらないようにふたを開けて熱を逃がし、塩、こしょうする。

5　スライスしたパンはそれぞれ両面をきつね色に網焼きする。内側になる面にオリーブオイルをはけでぬる。

6　5の1枚の上に、タルタルソース、レタス、2のハッシュドポテトと半分に切ったベーコン、4の目玉焼きをのせ、もう1枚のパンで押さえる。

＊　パンを1枚にしてオープンサンドにしても。

＊　じゃがいもは水にさらさないこと。でんぷん質が流れ出て、形がまとまらなくなってしまうため。

グラハム入りイギリスパン

✚

豆腐ステーキとひじきの炒めサラダのサンドイッチ

粉の一部をグラハム粉に代えたら、麦の香り漂う、
カリカリした食感を楽しめるパンになりました。
割合を増やすと、重めで食べごたえあるパンに。

`BREAD`

## グラハム入りイギリスパン

材料（9 × 18.5㎝のローフ型 1 台分）
強力粉　295g
グラハム粉（粗びき）　50g
砂糖　大さじ 1
ドライイースト　小さじ 1
水　220㎖
塩　小さじ⅘
ショートニング　10g

つくり方
つくり方はイギリスパン（P.64）参照。イギリスパ
ンの工程 1 で、粉類とともにグラハム粉の半量を
入れる。工程 2 で、残りの粉類とともに、残りの
グラハム粉を加え、あとは同様につくる。
＊　グラハム粉は、強力粉に比べて発酵力が弱いの
で、プレーンのイギリスパンと同程度の大きさにす
るために、粉類の総量を増やす。
＊　好みで、グラハム粉の割合を変えてもよい。ま
た、グラハム粉は粗びき、細びきでも水分の含み方
が変わるので注意。ちなみに細びきは、水分を多く
吸うので、水加減は多めに。

`SAND`

## 豆腐ステーキとひじきの炒めサラダの
## サンドイッチ

材料（1 個分）
グラハム入りイギリスパン　2 枚（1.5㎝厚さ）
木綿豆腐　⅓丁
ひじき煮（○）　60 〜 70g
レタス　1 枚
貝割れ菜　ひとつかみ
オリーブオイル　適量
塩、こしょう　各適量
タルタルソース（P.12 参照）　小さじ 1

準備
豆腐は横に 1.5㎝厚さにスライスして、キッチン
ペーパーに包んで水けをきっておく。できればひと
晩そのままおく。

つくり方
1　レタス、貝割れ菜は洗って水けをきる。
2　フライパンにオリーブオイル小さじ 1 を熱し、
豆腐を入れ、塩、こしょうする。きつね色になったら
裏返し、塩、こしょうし、両面がこんがり焼けたら
キッチンペーパーに取り出して余分な油を吸い取る。
3　パンをそれぞれ両面網焼きし、内側になる面に
はけでオリーブオイルをぬる。
4　3 の 1 枚の上に好みでタルタルソースをのせ、
半分にちぎったレタス 2 の豆腐ステーキ、ひじき
煮をのせる。もう 1 枚のパンにレタス、貝割れ菜
をのせてサンドし、上から押さえる。

---

### ○ ひじき煮

材料とつくり方（つくりやすい分量）
①にんじんは皮をむいてマッチ棒くらいの拍子木
切りに、しょうが 1 片は、皮を除いてせん切り
にする。ひじき 40g（乾燥）はたっぷりの水に
15 分ほどつけてもどす。油揚げ 1 枚は熱湯をか
けて油抜きし、にんじんの大きさに合わせてせん
切りにする。②フライパンに太白ごま油大さじ 1
を熱し、にんじんを炒める。続いてしょうが、油
揚げを入れて炒め合わせる。ゆでた大豆 50g を
加えてひと混ぜしたら、酒、しょうゆ、みりん各
大さじ 1 を加える。水分がなくなってきたら仕
上げに一味とうがらし少々と、白炒りごま大さじ
1 をふりかけ、ざっと混ぜて火を止める。
＊　冷蔵庫で 3 日ほど保存可能。

パン ド カンパーニュ ✚ ドライカレーのオープンサンドイッチ

バヌトン（発酵かご）に入れて発酵させる、大型田舎パン。
パーティや、プレゼントにも喜ばれます。
皮はしっかり、中はふんわり、が魅力です。

BREAD

## パン ド カンパーニュ

材料（直径 18.5cmの丸形のバヌトン型 1個分）
強力粉　330g
砂糖　小さじ 1
ドライイースト　小さじ⅘
水　220㎖
塩　小さじ¾
ショートニング　6g

つくり方

1　強力粉の半量と砂糖、ドライイースト、水を大きめのボウルに入れて、なめらかになるまで手で混ぜる。

2　残りの強力粉と塩、ショートニングを加え、ひとまとまりになるまで大きく回転させるように混ぜる。両手で押しつけるように、体重をかけて 10 〜 15 分こねる。途中、疲れたら、乾かないようにふたつきの容器に入れて、休憩しても OK（その間に少し発酵して、こねやすくなる）。やわらかくなるスピードが落ちてきたなと感じたら、ボウルに 10 回ほど打ちつけるようにすると、またこねやすくなる。

3　だまがなくなって、表面がなめらかになるくらいこねたら、かるく丸め、オイル（分量外）をぬったふたつき容器に（2ℓ入るサイズ）入れ、温かいところに置いて 50 〜 60 分、1 次発酵させる。

4　容器の 8 分目あたりまでふくらんだら、取り出して両手で生地を丸め直し（パンチし）、ガスを抜く（**a**）。ふたたび容器に戻し、ふたをして 30 分ほど発酵を続ける。

5　ふたたび大きくなったら取り出して丸め、パンマットにくるんで固くしぼったぬれぶきんをかけて 15 分ほどおく（ベンチタイム）。バヌトン型（発酵かご）に小麦粉（適量・分量外）をふっておく（**b**）。

6　ひとまわり大きくなった生地をバヌトンの形に合わせて成形する。丸形の場合は、表面に張りをもたせるイメージで包み込むように丸める。楕円形の場合は、まず四角くのばし、向こう側からくるくると巻く。どの場合も、とじ目を上にしてバヌトン型に入れる（**c**）。ぬれぶきんをかけて 1 時間ほど、2 次発酵させる（＊）。

7　バヌトンから少し生地が出るくらい大きくなったら（**d**）、バヌトンをひっくり返して生地を天板の上に出し（**e**）、表面にクープを入れる（**f**）。

8　210℃に熱したオーブンに、パンがのった天板を入れ、蒸気を注入し（■）、スイッチを切る。3 分たったら、ふたたびスイッチを入れ、210℃で 30 分焼く。

9　焼き上がったら網に出して冷ます。

＊　バヌトン型がない場合は、天板の上で発酵させる。

■　**蒸気の注入方法**

オーブンの底に天板を置いて、石を満遍なく並べる。そのまま 210℃まで予熱する。パンがのった天板を入れるときに素早く石に 200㎖ の水を勢いよくかける。

 *a*

 *b*

 *c*

 *d*

 *e*

 *f*

## ドライカレーのオープンサンドイッチ

材料（2個分）
パン ド カンパーニュ　2枚（1.5cm厚さ）
合いびき肉　100g
A
　　玉ねぎ　1個
　　にんにく　1片
　　しょうが　1片
スプラウト　30g
トマト（大）　1個
ピーマン　2個
えんどう豆　50g
大豆（ゆでたもの）　50g
赤とうがらし（種を除く）　1本
オリーブオイル　適量
カレー粉　小さじ2
塩、こしょう　各少々

つくり方
1　スプラウトは洗って水けをきっておく。Aはみじん切りにする。トマトはへたを取って大きめの角切り、ピーマンはへたと種を取ってみじん切りにする。えんどう豆はさやから出して塩ゆでする。
2　フライパンにオリーブオイル小さじ2を熱し、Aを弱火でねっとりするまで炒める。ひき肉、ピーマン、赤とうがらしを加えて炒め合わせたら、カレー粉を入れてなじませる。トマト、大豆を入れて塩ひとつまみを加え、しばらく煮る。全体になじんだら、えんどう豆を加えてひと混ぜし、塩、こしょうで味をととのえる。
3　焼き網を熱し、パンを両面こんがりと焼く。パンの上面にオリーブオイルをはけでぬる。上に2のドライカレーを盛りつけて、スプラウトをのせる。
＊　トマトのかわりにトマトジュースやトマト水煮缶、ピーマンのかわりにししとうなどでもよい。えんどう豆のかわりにおくら、スプラウトのかわりににんじんのせん切りやベビーリーフなど好みの野菜にしてもよい。
＊　辛いのが好きな人は、赤とうがらしを小口切りにして。

ライ麦、キャラウェイ、くるみのパン ド カンパーニュ
+
ハム、チーズ、トマトのサンドイッチ

キャラウェイの爽やかな香りが、
くるみのコクとぴったり。
薄切りにして、サンドイッチにしても。

BREAD

## ライ麦、キャラウェイ、くるみの
## パン ド カンパーニュ

材料（15 × 14cmの小判形のパヌトン型 1 個分）
強力粉　290g
ライ麦　50g
砂糖　小さじ 1
ドライイースト　小さじ⅘
塩　小さじ¾
ショートニング　6g
キャラウェイ　小さじ½
くるみ（殻なし）　60g

a

準備
くるみは 170℃のオーブンで 7 ～ 8 分焼いておく。

つくり方
つくり方は、パン ド カンパーニュ（P.70）参照。
カンパーニュの工程 1 で、強力粉とライ麦粉、そ
れぞれの半量を入れて混ぜる。工程 2 で、残りの
粉類をすべて加え（a）、塩、ショートニングとともに
キャラウェイ、くるみを加え、あとは同様につくる。
＊　ライ麦粉を使うと発酵が弱くなるので、通常の
カンパーニュより粉は多めの配合になり、どっしり
した味わいになる。

SAND

## ハム、チーズ、トマトのサンドイッチ

材料（1 個分）
ライ麦、キャラウェイ、くるみの
　パン ド カンパーニュ　2 枚（1.2cm厚さ）
ハム　2 枚
チェダーチーズ　30g
レタス　2 枚
スプラウト　ひとつかみ
にんじん　30g
きゅうり　⅓本
トマト　½個
バター　適量
粒マスタード　小さじ 2
タルタルソース（P.12 参照）　小さじ 1

つくり方
1　レタス、スプラウトは洗って水けをよくきり、
にんじんはスライサーで極細のせん切りにする。
きゅうりは皮をところどころむいて斜め薄切り、ト
マトはへたを取り、5mm厚さにスライスし、キッチ
ンペーパーにのせて水けを吸い取る。チェダーチー
ズは包丁で薄く削っておく。
2　下になるパンの内側に、バター、マスタードを
ぬる。きゅうり、ハムをのせ、チーズをバランスよ
くおいて、トマトを並べる。にんじん、スプラウト
の順に重ねて、内側にタルタルソースを点々とつけ
たレタスをのせ、内側にバターをぬったもう 1 枚
のパンで押さえる。
＊　好みでアボカドのスライスを加えても。チーズ
はサムソーチーズやカマンベールなどお好みで。

ブルマンブレッド ✚ カツサンド

サンドイッチにもぴったりな、
四角い形。
ふたをして焼くので水分が逃げず、
皮はパリッと、中はしっとりと。

## ブルマンブレッド

材料（10 × 20cmのふたつきローフ型１台分）
強力粉　400g
砂糖　大さじ 1½
ドライイースト　小さじ１
水　275mℓ
塩　小さじ１
ショートニング　20g
スキムミルク　20g

つくり方
1　強力粉の半量、砂糖、ドライイースト、水を大きめのボウルに入れて、なめらかになるまで手で混ぜる。
2　残りの強力粉、塩、ショートニング、スキムミルクを加え、ひとまとまりになるまで大きく回転させるように混ぜる。両手で押しつけるように、体重をかけて10〜15分こねる。途中、疲れたら、乾かないようにふたつきの容器に入れて、休憩しても OK（その間に少し発酵して、こねやすくなる）。やわらかくなるスピードが落ちてきたなと感じたら、ボウルに10回ほど打ちつけるようにすると、またこねやすくなる。

3　だまがなくなって、表面がなめらかになるくらいこねたら、かるく丸め、オイル（分量外）をぬったふたつき容器（2ℓ入るサイズ）に入れて、温かいところに置いて50分ほど１次発酵させる。
4　容器のふたにつくほどふくらんだら、取り出して両手で生地を丸め直して（パンチし）、ガスを抜く。ふたたび容器に戻し、ふたをして30分ほど発酵を続ける。
5　生地が大きくなったら取り出して３等分にして丸め、パンマットの上に並べる（**a**）。パンマットを折り返して生地にかぶせ、固くしぼったぬれぶきんをかけて（**b**）、15分おく（ベンチタイム）。
6　ひとまわり大きくなった生地（**c**）を、ひとつずつまな板に移して、めん棒で（なければ手でもよい）15 × 20cm程度にのばし、３つ折りにする（**d**）。生地の位置を90度変えて、さらに10 × 20cm程度にのばし（**e**）、向こう側からくるくると巻く。
7　巻き終わりを下にして、内側にオイル（分量外）をぬったローフ型に３つ並べる（**f**）。ふたをして、１時間〜１時間半、生地がふたぎりぎりにふくらむまで発酵させる。
8　200℃熱したオーブンで30分ほどふたをして焼く。
9　焼けたら型からはずし、網の上に出して冷ます。
＊　発酵時間はあくまで目安。工程７では、ふたにつく寸前まで生地を発酵させること。

 **a**

 **b**

 **c**

 **d**

 **e**

 **f**

SAND

## カツサンド

材料（1個分）
ブルマンブレッド　2枚（1.5cm厚さ）
豚ひれ肉（ひと口カツ用）　3〜4枚
レタス　1枚
貝割れ菜　½パック
きゅうり　⅓本
キャベツ　1枚
小麦粉、溶き卵、パン粉　各適量
タルタルソース（P.12参照）　小さじ1
塩、こしょう　各適量
揚げ油　適量
オリーブオイル　適量
味噌ソース（P.45参照）　小さじ½

つくり方
**1**　レタス、貝割れ菜は洗って水けをきる。きゅうりは皮をところどころむいて斜め薄切りにする。キャベツは洗って水けをきり、せん切りにする。
**2**　ひれ肉に塩、こしょうをし、小麦粉、溶き卵、パン粉の順に衣をつけ、180℃の油でからりと揚げる。キッチンペーパーにとり、余分な油を吸い取る。
**3**　パンを両面こんがりと焼き、内側になる面にはけでオリーブオイルをぬる。1枚に味噌ソースを薄くぬり、きゅうりを並べる。その上に2のとんかつ、貝割れ菜、キャベツの順に重ね、内側にタルタルソースをつけたレタスをかぶせ、もう1枚のパンを重ねる。
**＊**　味噌ソースのかわりにケチャップ、貝割れ菜のかわりにスプラウトを入れてもいい。青じそを足してもおいしい。

キャロブのプルマンブレッド
+
えびとアボカドのサンドイッチ

キャロブ（いなご豆）のパウダーを練り込むと、
甘酸っぱい香りが口いっぱいに広がります。
この色を引き立てるフィリングで、サンドイッチを。

BREAD

## キャロブのブルマンブレッド

材料（10 × 20cmのふたつきローフ型1台分）
強力粉　400g
砂糖　大さじ1½
ドライイースト　小さじ1
水　285ml
塩　小さじ1
ショートニング　20g
スキムミルク　20g
キャロブパウダー　20g

つくり方
つくり方はブルマンブレッド（P.76）参照。ブルマ
ンブレッドの工程1で、強力粉とともにキャロブ
パウダーの半量を加える。工程2で、残りの粉類
とともに、キャロブパウダーの残りをすべて加える
（a）。あとは、同様につくる。
＊　キャロブのパンをベースに、くるみやレーズン、
クランベリーをブレンドしてもおいしい。

a

SAND

## えびとアボカドのサンドイッチ

材料（1個分）
キャロブのブルマンブレッド　2枚（1.5cm厚さ）
小えび　8尾
アボカド　½個
レタス　1枚
スプラウト　ひとつかみ
にんじん　30g
レモン汁　小さじ1
マヨネーズ　大さじ1
カレー粉　小さじ¼
酒、塩　各適量
オリーブオイル　適量

つくり方
1　レタス、スプラウトは洗って水けをきる。にん
じんは皮をむいて極細のせん切りにする。アボカド
は皮と種を取り除いて1cm厚さに切り、レモン汁
をかける。
2　マヨネーズにカレー粉を加え、よく混ぜる。
3　えびは酒と塩を入れた湯でゆでて、殻をむく。冷
めたら水けをしっかりふき取り、2の半量であえる。
4　パンはこんがりと網焼きし、それぞれ内側にな
る面にはけでオリーブオイルをぬる。下になるパン
に2を少々ぬり、アボカドをしきつめる。上に3
のえびをバランスよく散らし、にんじん、スプラウ
トの順にのせていく。残りの2をレタスの内側に
つけてかぶせ、もう1枚のパンを重ねる。

# パンを生活の一部にする、ちょっとしたこと

**1** 発酵用の保存容器は、毎日、あるいは、
週に2、3回つくるのなら、
いちいち洗わずにペーパーでふき取るだけでよい。
焼き型も、汚れていなければ
熱いうちにオイルをぬっておけば OK。

**2** 上新粉やコーンミールは、
そのまま使えるように、平たい容器に保存。

**3** むだと思う手順
（イングリッシュマフィンをセルクル型にはめる、
照りをつけるために卵黄をぬる）
は省く。

**4** 好きなパンを焼く。
たくさんの種類を焼けなくてもいい。

**5** こねなどの力仕事は、エクササイズがわり。
機械（こね機など）があるなら、遠慮なく活用する。

**6** 早起きは、とっておきのひとりの時間が確保できると思うこと。

**7** つくればつくるほど、上手になれると信じること。

**8** 体の一部になる、おいしい食べ物をつくっていると信じること。

# 2
—

# 変わりパン

形やブレンドをさまざまに工夫してみたら、オリジ
ナリティあふれる、さらにおいしいパンがたくさん
焼き上がりました。たとえば友達が集まる日には、
野菜をたっぷりトッピングした、世界でひとつの
ピッツァを焼きましょう。フライパンでこんなにお
いしく焼けるのだから、パンづくりをより身近なも
のに感じられるはず。アツアツでも冷めてもおいし
いベニエ、ブレンドでどんどんアレンジができるほ
ろほろのスコーン、じっくり取り組みたい、香り豊
かな天然酵母パン。第2章では、さらにパンづく
りの楽しさが広がるレシピを紹介します。

シナモンロール

クリームチーズ入りの生地に、
特製 "シナモンメープルくるみ" をくるくる巻いた
ミアズオリジナルのシナモンロール。


## シナモンロール

材料（8個分）
強力粉　300g
砂糖　大さじ1
ドライイースト　小さじ1
水　180㎖
塩　小さじ¾
クリームチーズ　60g
バター（食塩不使用）　20g
シナモンパウダー　小さじ1
メープルくるみ
　｜　くるみ（殻なし）100g
　｜　メープルシロップ　50㎖
　｜　シナモンパウダー小さじ½
バター（食塩不使用・トッピング用）　15g
ざらめ　小さじ2

下準備
メープルくるみをつくる
くるみは180℃に熱したオーブンで7〜8分焼く。小鍋にメープルシロップを温め、くるみを入れて揺すりながら煮詰める。途中、シナモンパウダーを加える。くるみにシナモンとメープルシロップがからんだら、火を止めて容器に移す。

つくり方
1　強力粉の半量と砂糖、ドライイースト、水を大きめのボウルに入れて、なめらかになるまで手で混ぜる。
2　残りの強力粉と塩、クリームチーズ、バターを加えて、ひとまとまりになるまで大きく回転させて混ぜる。両手で押しつけるように、体重をかけて10〜15分こねる。途中、疲れたら、乾かないようにふたつきの容器に入れて、休憩してもOK（その間に少し発酵して、こねやすくなる）。やわらかくなるスピードが落ちてきたなと感じたら、ボウルに10回ほど打ちつけるようにすると、またこねやすくなる。
3　だまがなくなって、表面がなめらかになるくらいこねたら、かるく丸めて、オイル（分量外）をぬったふたつき容器に入れ、温かいところに置いて50分ほど1次発酵させる。
4　容器の8分目あたりまでふくらんだら、取り出して丸め、固くしぼったぬれぶきんをかけて休ませる（ベンチタイム）。
5　めん棒を使って20×35㎝くらいの長方形にのばし、シナモンパウダーとメープルくるみを全体に散らす。向こう側から生地をきつく巻いていき（a）、巻き終わりは生地をつまんでキュッと閉じる。
6　とじ目を下にして、生地をきれいな棒状にする。真ん中あたりを包丁で斜めにカットし、その半分を切り口に平行にカットして2等分にしていく。4つに生地が分かれたら、次は先ほどとは逆の斜め方向にカットし（b）、8等分にする（ハの字にカットしていくイメージ）。
7　トッピング用のバターを8等分し、それぞれにざらめをまぶす。
8　カットした生地を天板に置き、真ん中を指で押さえて（c）、7をひとつずつのせてシナモンパウダーをふる。ぬれぶきんをかぶせ、30分ほど2次発酵させたら、195℃に熱したオーブンで14分程度焼く。焼き上がったら網の上にのせて冷ます。

いちじくとくるみのガレット

いちじくの甘さと種のぷちぷちした食感が、
くるみの香ばしさとよく合います。
バターとざらめを使った、懐かしさを感じるおやつパン。


## いちじくとくるみのガレット

材料（6個分）
強力粉　300g
砂糖　大さじ1
ドライイースト　小さじ1
水　200ml
塩　小さじ¾
ショートニング　10g
いちじく（ドライ）　60g
くるみ（殻なし）　60g
ざらめ　大さじ2
バター（食塩不使用）　40g

下準備
いちじくはきざむ。くるみは170℃のオーブンで8
分焼き、手で割っておく。バターは7mm角の棒状
に切っておく。

つくり方
**1**　強力粉の半量、砂糖、ドライイースト、水を大
きめのボウルに入れて、なめらかになるまで手で混
ぜる。
**2**　残りの強力粉、塩、ショートニング、いちじく
の半量とくるみを加え、ひとまとまりになるまで大
きく回転させるように混ぜる。両手で押しつけるよ
うに、体重をかけて10〜15分こねる。途中、疲
れたら、乾かないようにふたつきの容器に入れて、
休憩してもOK（その間に少し発酵して、こねやす
くなる）。やわらかくなるスピードが落ちてきたな
と感じたら、ボウルに10回ほど打ちつけるように
すると、またこねやすくなる。
**3**　だまがなくなって、表面がなめらかになるくら
いこねたら、かるく丸め、オイル（分量外）をぬっ
たふたつき容器に入れ、温かいところに置いて50
分ほど1次発酵させる。
**4**　容器の8分目くらいまでふくらんだら、取り
出して6等分に分割し、残りのいちじくをところ
どころに入れ込んで包み込むように丸める。パン
マットの上にとじ目を下にして並べ、パンマットを
折り返して生地にかぶせ、固くしぼったぬれぶきん
をかけて、10分おく（ベンチタイム）。
**5**　ひとまわり大きくなった生地を、天板の上でめ
ん棒を使って直径12〜13cmの円形にのばす（**a**）。
**6**　それぞれにざらめを小さじ1ずつ散らし、そ
の上に細く切ったバターをトッピングする（**b**）。ぬ
れぶきんをかけて30分ほど2次発酵させる（**c**）。
**7**　205℃に熱したオーブンで8分ほど焼く。焼き
上がったら網の上に出して冷ます。
＊　いちじくはトルコ産の白いちじくを使用。1個
を縦に5つ程度に割り、さらに横に6つ程度にカッ
トする。

ベリーベリーのスコーン

抹茶チョコスコーン

スコーン

サワークリーム入りの、ほろほろとしたスコーン。
ブレンド次第で、表情ががらりと変わります。
発酵なし、短時間でできるのもうれしいところ。


## スコーン

材料（12〜14個分）
A
　薄力粉　200g
　コーンスターチ　70g
　ベーキングパウダー　大さじ1
バター（食塩不使用）80g
B
　サワークリーム　100g
　卵黄　1個分
　牛乳　50㎖
　砂糖　小さじ2
　塩　小さじ¼

下準備
バターは冷蔵庫でよく冷やしておく。

つくり方
1　Aの粉類はふるい合わせながらボウルに入れる。
2　1に冷やしたバターを入れて、パイカッター（もしくは包丁）で豆粒状にきざみながら混ぜ合わせる。手で、ぽろぽろのそぼろ状になるようにすり混ぜる。
3　別のボウルにBを混ぜ合わせる。
4　2に3を加え、こねすぎないようにさっと混ぜ合わせ、折るようにしてまとめる。べたつくようなら薄力粉を、まとまりにくければ牛乳をごく少量ずつ足す。
5　ラップを大きめに広げて、ひとまとめにした4を包む。冷蔵庫で30分〜1時間ねかせる。
6　生地を直径5㎝程度のボール状に丸め、上下を平らにかるく押さえる。
7　天板に等間隔に並べ、180℃に熱したオーブンで13分焼く。
＊　ベーキングパウダーは、あればアルミニウムフリーのものを。


## ベリーベリーのスコーン

材料（12〜14個分）
A
　薄力粉　200g
　コーンスターチ　70g
　ベーキングパウダー　大さじ1
バター　80g
B
　サワークリーム　100g
　卵黄　1個分
　牛乳　50㎖
　ドライブルーベリー、ドライクランベリー　各20g
　ラム酒　小さじ1
　ブルーベリージャム　大さじ2
　塩　小さじ¼

つくり方
つくり方はスコーン（上）を参照。下準備として、ドライブルーベリーと、ドライクランベリーを湯通ししてから、ラム酒をふりかけておく。工程1〜2は同様につくり、工程3で、ブルーベリージャムを加えて混ぜる。工程4でドライブルーベリーとドライクランベリーを加える。あとは同様につくる。


## 抹茶チョコスコーン

材料（12〜14個分）
A
　薄力粉　200g
　抹茶　小さじ2
　コーンスターチ　70g
　ベーキングパウダー　大さじ1
バター　80g
B
　サワークリーム　100g
　卵黄　1個分
　牛乳　50㎖
　砂糖　小さじ2
　塩　小さじ¼
クーベルチュールチョコレート（チップ）80g

つくり方
つくり方はスコーン（上）を参照。スコーンの工程1で、粉類とともに、抹茶もふるい入れる。工程2〜3は同様につくり、工程4で、チョコレートも加えて混ぜる。あとは同様につくる。

さつまいもの巻きパン

角切りにしたさつまいもとバターを
しっとりしたさつまいも入りの生地に巻き込みます。
中のバターがじんわり溶けて、コクのある味わいに。


## さつまいもの巻きパン

材料（12個分）
強力粉　300g
砂糖　大さじ1
ドライイースト　小さじ1
水　200㎖
塩　小さじ¾
ショートニング　10g
さつまいも（マッシュ用）　100g
さつまいも（巻き込み用）　120g
バター（食塩不使用）　50g

下準備
マッシュ用さつまいも100gは、ざく切りにして塩
をごく少量（分量外）入れて水からゆでる。竹串が
刺さるくらいになったら湯をきって、水分を飛ばし、
皮をむいてマッシュする。ラップにくるんで冷まし
ておく。巻き込み用さつまいもは皮をむいて8mm
程度の角切りにし、塩をごく少量（分量外）入れて
水からゆで、沸騰したらすぐにざるにあけて冷まし
ておく。バター50gは、12本の棒状に切り分けて
冷やしておく。

**a**

**b**

つくり方
1　強力粉の半量と砂糖、ドライイースト、水を大
きめのボウルに入れて、なめらかになるまで手で混
ぜる。
2　残りの強力粉とマッシュしたさつまいも、塩、
ショートニングを加え、ひとまとまりになるまで大
きく回転させるように混ぜる。両手で押しつけるよ
うに、体重をかけて10〜15分こねる。途中、疲
れたら、乾かないようにふたつきの容器に入れて、
休憩してもOK（その間に少し発酵して、こねやす
くなる）。やわらかくなるスピードが落ちてきたな
と感じたら、ボウルに10回ほど打ちつけるように
すると、またこねやすくなる。
3　だまがなくなって、表面がなめらかになるくら
いこねたら、かるく丸め、オイル（分量外）をぬっ
たふたつき容器に入れ、温かいところに置いて50
分ほど1次発酵させる。
4　容器の8分目あたりまでふくらんだら、取り
出して12等分に分割する。15cm長さ程度の長細い
しずく形に丸め、パンマットの上に並べる（**a**）。パ
ンマットを折り、生地にかぶせ、その上に固くしぼっ
たぬれぶきんをかけて、10分おく（ベンチタイム）。
5　生地を幅の広い側が手前にくるようにまな板の
上に置き、めん棒で生地の真ん中あたりから上下に
のばす（そのまましずく形を保つように）。手前に
バターを置き、さつまいもの角切りを全体に散らす。
バターを芯にするようくるくると手前から巻いてい
き（**b**）、とじ目が下になるように天板に並べる。ぬ
れぶきんをかけて30分ほど2次発酵させる。
6　生地がひとまわり大きくなったら、210℃に熱
したオーブンで13分焼く。焼き上がったら、網の
上に出して冷ます。
＊　水の量は、さつまいものマッシュをちょうど竹
串が通る程度にゆでた場合。「ゆですぎたな」と感
じたら、水分量をひかえめにして。また。角切りの
さつまいもは、やわらかすぎるとつぶれてしまうの
で、「少しかたいかな」と思う程度がちょうどいい。

# 巻きパンいろいろ

生地とバターの相性を楽しめる巻きパン。
いろいろなブレンドを味わってみて。

## よもぎくるみの巻きパン

粉に対し5％のゆでてきざんだよもぎ（乾燥
よもぎなら3％）と、15％のローストくる
みを一緒にこねる。

## レーズン入り
## クリームチーズの巻きパン

粉に対して20％のクリームチーズを生地に
練り込む。分割時に、ラムレーズンを7gず
つ入れる。

## クリームチーズの巻きパン

粉に対して20％のクリームチーズを練り込
み、ふんわりとした食感と、ほのかなチーズ
風味のある生地をつくる。

## いちじくとくるみの巻きパン

粉に対して15％のきざんだいちじくと、
15％程度のローストしたくるみを一緒にこ
ねて、生地をつくる。

## ベリー＆ベリーの巻きパン

粉に対して8％のブルーベリーと同量のクランベリーを、半量はきざんで、半量はそのまま生地に練り込んで生地をつくる。

## ジャムの巻きパン（マーマレード）

粉300gに対し、ジャム大さじ2を分量の水で溶かし、練り込む。水分量は、使うジャムの様子をみながら加減するとよい。

## さつまいものごま巻きパン

さつまいも生地（P.89）にごまを大さじ2加える。ごまは白ごまと黒ごまを半量ずつブレンドすると、味と色に立体感が出る。

## プルーンの巻きパン

粉に対して15％のドライプルーンをきざんで練り込んで生地をつくる。プルーンの種類によって、加える水分量を加減する。

# 季節のピッツァ

フォカッチャの生地に、野菜とチーズをトッピング。
さらに、たっぷりサラダをのせました。
その時季に一番おいしい、ピッツァをつくります。

## たけのこと木の芽とうどの
## サラダのピッツァ

材料（直径30㎝1枚分、または直径20㎝2枚分）
〈生地〉
フォカッチャ（P.44）の材料と同じ
〈トッピング〉
たけのこの水煮　小1本（200g）
サラダほうれんそう　1束
新玉ねぎ　¼個
うど　1本
木の芽　適量
にんじん　½本
トマト　小1個
オリーブオイル　小さじ2
塩、黒こしょう　各適量
ミアズドレッシング（P.19参照）　小さじ2
ナチュラルチーズ　150～200g

つくり方
1　生地をつくる。フォカッチャのつくり方（P.44）
工程1～3と同様につくる。
[ 発酵させている間にトッピングの準備をする ]
2　たけのこは4㎝長さの薄切りにし、オリーブ
オイルでさっとソテーして、塩、こしょうで味をと
とのえる。
3　ほうれんそうはざく切りにする。薄切りにした
玉ねぎ、マッチ棒状の細切りにしたうどは、水にさ
らし、水けをきる。木の芽はたたいて香りを出す。
にんじんは皮をむき、スライサーで極細のせん切り
にする。トマトは5㎜角程度に切って水けをきる。
4　3をドレッシングであえる。
[ ピッツァ仕上げ ]
5　1の生地が容器の8分目くらいまでふくらんだ
ら、天板に移し、厚さ5㎜程度にのばす。2のたけ
のこを散らし、チーズをたっぷりのせる。そのまま
20分ほどおく。230℃に熱したオーブンで5～7
分焼く。
6　4のサラダをたっぷりのせ、黒こしょうをふる。

## なすとピーマン　ミニトマトとハーブの
## フレッシュサラダピッツァ

材料（直径30㎝1枚分、または直径20㎝2枚分）
〈生地〉
フォカッチャ（P.44）の材料と同じ
〈トッピング〉
なす　3本
ピーマン　5個
ミニトマト　15～20個
にんにく　1片
赤とうがらし　1本
ローズマリー、セージ　各1本
オリーブオイル　大さじ2
塩、黒こしょう　各少々
ナチュラルチーズ　150～200g
ローズマリー（トッピング用）　適量

つくり方
1　生地をつくる。フォカッチャのつくり方（P.44）
工程1～3と同様につくる。

[ 発酵させている間にトッピングの準備をする ]
2　なすは1㎝厚さの輪切りにして、水にさらし
てからざるにあける。ピーマンはへたと種を取って
1㎝程度の輪切りにする。ミニトマトはへたを取り、
小さなものなら4等分、大きければ8等分に切っ
て水けをかるくきる。にんにくは2㎜程度にスラ
イス、赤とうがらしはナイフなどで穴をあけておく。
3　フライパンにオリーブオイルを熱し、弱火でに
んにくと赤とうがらし、ローズマリーとセージを炒
める。オイルに香りが移ったら、すべて取り出す。
4　3になすを加えて中火で炒め、続いてピーマン
を加えて炒め合わせる、途中で塩、こしょうし、少
し焦げめがつくまで炒める。
[ ピッツァ仕上げ ]
5　1の生地が容器の8分目くらいまでふくらんだ
ら、天板に移す。厚さ5㎜程度にのばし、4を並べ
る。チーズをのせ、そのまま20分ほどおいてから、
230℃に熱したオーブンで5～7分焼く。
6　黒こしょうをふり、角切りにしたミニトマトを
のせる。トッピング用のローズマリーをのせる。

春 の ピ ッ ツ ァ

夏 の ピ ッ ツ ァ

## 水菜ときのこときんぴらごぼう、
## さつまいものサラダピッツァ

材料（直径30cm 1枚分、または直径20cm 2枚分）
〈生地〉
フォカッチャ（P.44）の材料と同じ
〈トッピング〉
水菜（または春菊） 1束
えのきだけ、しめじ、エリンギ 各80g
生しいたけ 4枚
ごぼう 1本
さつまいも 150g
玉ねぎ ¼個
にんじん 40g
ごま油 小さじ2
みりん、しょうゆ 各小さじ1
白炒りごま 小さじ2
一味とうがらし 少々
塩、黒こしょう 各適量
ナチュラルチーズ 150～200g
ごま油ドレッシング（P.41参照） 小さじ2

つくり方
1 生地をつくる。フォカッチャのつくり方（P.44）
工程1～3と同様につくる。

[ 発酵させている間にトッピングの準備をする ]
2 水菜は3cm長さに切り、水けをきる。玉ねぎは薄切りにして水に5分ほどさらし、水けをきる。にんじんは皮をむいてスライサーで極細のせん切りにする。ごぼうはささがきにして水に5分ほどさらし、水けをきる。さつまいもは皮をむいて7mm角に切り、さっと塩ゆでしておく。
3 フライパンにごま油を熱し、中火で2のごぼうを炒める。少し焦げめがついたところで、みりんとしょうゆを回しかけ、ひと混ぜして火を止める。ごまと一味とうがらしをふりかけてざっと混ぜ、ボウルに移し、冷ます。
4 えのきは根元を落とし、長さを半分に切ってほぐす。しめじは石づきを落とし、小房に分ける。エリンギは長さを半分に切り、太めのマッチ棒状に切る。しいたけは石づきを落とし、3mm厚さにスライスする。
[ ピッツァ仕上げ ]
5 1の生地が容器の8分目くらいまでふくらんだら、天板に移し、厚さ5mm程度にのばす。4のきのこをのせて塩、こしょうする。たっぷりチーズをのせ、そのまま20分ほどおく。230℃に熱したオーブンで5～7分焼く。
6 ピッツァを焼いている間に、3のボウルに2の野菜類を加え混ぜ、ドレッシングとこしょうを入れてざっくり混ぜ合わせる。
7 ピッツァが焼けたら、6のサラダをたっぷりのせる。


## かぶと菜の花のサラダピッツァ

材料（直径30cm 1枚分、または直径20cm 2枚分）
〈生地〉
フォカッチャ（P.44）の材料と同じ
〈トッピング〉
かぶ 2～3個
菜の花 1束
玉ねぎ ¼個
にんじん 30g
オリーブオイル 小さじ2
塩、黒こしょう 各適量
ミアズドレッシング（P.19参照） 大さじ1
ナチュラルチーズ 150～200g

つくり方
1 生地をつくる。フォカッチャのつくり方（P.44）
工程1～3と同様につくる。

[ 発酵させている間にトッピングの準備をする ]
2 かぶは皮を厚めにむいて、3mm厚さに切る。フライパンにオリーブオイルを熱し、かぶをさっとソテーし（固めでよい）、塩、こしょうする。
3 玉ねぎは薄切りにし、水にさらしてからざるにあけ、水けをきる。にんじんは皮をむいてスライサーで極細のせん切りに、菜の花は熱湯でさっとゆでて水けをしぼり、3cm長さに切る。
4 3をドレッシングであえる。
[ ピッツァ仕上げ ]
5 1の生地が容器の8分目くらいまでふくらんだら、天板に移し、厚さ5mm程度にのばす。2のかぶを散らし、チーズをたっぷりのせる。そのまま20分ほどおく。230℃に熱したオーブンで5～7分焼き上げる。
6 4のサラダをたっぷりのせて仕上げに黒こしょうをふる。

秋のピッツァ

冬のピッツァ

フライパン焼き
イングリッシュマフィン

オーブンなしでも気軽にパンづくり。
直火ならではの風味と生地のしっとり感は、
味わってみる価値ありです。


## フライパン焼き
## イングリッシュマフィン

材料
イングリッシュマフィン（P.30）と同じ

つくり方
1　イングリッシュマフィン（P.30）参照。イング
リッシュマフィンの工程1～2まで同様につくる。
オーブンのかわりに使用するのは、直径32cmのふ
たつき厚手フライパン（なければ、それより小さい
ものを2個使う）。
2　イングリッシュマフィンの工程3で、ひとまわ
り大きくなった生地をふたたび丸め直し、乾いて
いたら霧吹きで水をかける。表面にコーンミールを
まぶしてフライパンに並べ（**a**）、ふたをして25分く
らい2次発酵させる（**b**）。
3　イングリッシュマフィンの工程4で、ふっく
らとしたら、弱火にかけてじっくりと焼く。7～8
分はそのまま動かさず、うっすらと焼き色がついた
ら裏返す（**c**）。ふたたびふたをして、もう片面をじっ
くりと焼く。両面に焼き色がついたら、中央と外側
の生地を入れ替えたりしつつ、すべてのマフィンが
両面きれいなきつね色になるまで焼く（焼き時間は
トータルで18分程度が目安）。
＊　18分でもきれいに焼き色がつかない場合は、
火加減を少し強めにする。
＊　18分より前にしっかり焼き色がついてしまっ
た場合は、中まで火がとおっていない可能性がある
ので、火を弱めて18分まで焼く。
＊　6分割ではなく、10分割して小さめのマフィ
ンにしてもOK。その場合、トータルの焼き時間は
14分程度。

**a**

**b**

**c**

フライパン焼き
フォカッチャ

平たくのばして、オリーブオイルをつけるだけ。
同じ生地なのに、マフィンとはまったく違う味わいに。
ごま油をつければ、中華風のパンになります。


## フライパン焼きフォカッチャ

材料（6枚分）
フォカッチャ（P.44）と同じ。

つくり方
1　フォカッチャのつくり方（P.44）参照。フォカッチャの工程1〜4と同様につくる。
2　ひとまわり大きくなった生地を、まな板の上で平たく12〜13㎝の円形にのばす。指先にオリーブオイル（分量外）をつけて、ところどころへこませる。フライパンの上に重ならないように置き、形をととのえる（**a**）。ふたをして25分ほど2次発酵させる。再度、指先にオリーブオイル（分量外）をつけてへこませる（**b**）。
3　フライパンにふたをし、ごく弱火にかける。7〜8分して焦げめがついてきたらひっくり返し（**c**）、裏面も焼く（焼き時間はトータルで13〜15分が目安）。
＊　ふたつきフライパンは2〜3個あるとよい。
＊　フライパンの大きさに合わせて、分割するときに大きさを変えてもよい。20㎝程度に大きくのばせば、ナンのようになる。

**a**

**b**

**c**

ベニエ

イースト発酵のドーナッツ。
卵も使わず、甘さもひかえめなので、
あっさりとしたおいしさです。

## ベニエ

材料（12個分）
強力粉　300g
砂糖　大さじ2
ドライイースト　小さじ⅗
水　205㎖
塩　小さじ⅗
ショートニング　25g
スキムミルク　20g
打ち粉（強力粉）　ひとつかみ
揚げ油　適量
粉砂糖　適量

つくり方
1　強力粉の半量と、砂糖、ドライイースト、水を大きめのボウルに入れて、なめらかになるまで手で混ぜる。
2　残りの強力粉と塩、ショートニング、スキムミルクを加えて、ひとまとまりになるまで大きく回転させるように混ぜる。両手で押しつけるように、体重をかけて10～15分こねる。途中、疲れたら、乾かないようにふたつきの容器に入れて、休憩してもOK（その間に少し発酵して、こねやすくなる）。やわらかくなるスピードが落ちてきたなと感じたら、ボウルに10回ほど打ちつけるようにすると、またこねやすくなる。
3　だまがなくなって、表面がなめらかになるくらいこねたら、かるく丸め、ビニール袋に入れて（**a**）冷蔵庫で2時間～半日発酵させる。
4　まな板の上に打ち粉をし、生地を置く。ひっくり返して両面に打ち粉がつくようにしてから、めん棒で18×24㎝の長方形にのばす。3×4㎝になるように、12等分にカットする（**b**）。
5　150～160℃に熱した揚げ油に生地を入れ、7分ほど揚げる。ひっくり返してさらに5分揚げ、180℃に温度を上げて、きつね色になるまでさらに揚げる（**c**）。
6　油をきり、粉砂糖をふりかける。

*a*

*b*

*c*

天然酵母のイギリスパン

酵母の熟成具合で、味やふくらみが変わります。
長時間発酵を上手に生活リズムに組み込めたら、
イーストパンより、むしろ楽かも。

## 天然酵母のイギリスパン

材料（9×18.5cmのローフ型1台分）
強力粉　350g
砂糖　大さじ1
パン種（■でできたもの）　大さじ1
水　210㎖
塩　小さじ¾
ショートニング　10g

つくり方
1　小さなボウルにパン種と水を合わせて溶かしておく。
2　強力粉の半量と砂糖、1を大きめのボウルに入れて（**a**）、なめらかになるまで手で混ぜる。
3　残りの強力粉と塩、ショートニングを加え、ひとまとまりになるまで大きく回転させるように混ぜる。両手で押しつけるように、体重をかけて10〜15分こねる。途中、疲れたら、乾かないようにふたつきの容器に入れて、休憩してもOK（その間に少し発酵して、こねやすくなる）。やわらかくなるスピードが落ちてきたなと感じたら、ボウルに10回ほど打ちつけるようにすると、またこねやすくなる。
4　だまがなくなって、表面がなめらかになるくらいこねたら、かるく丸め、オイル（分量外）をぬったふたつき容器に入れ、温かいところに置いてひと晩（6時間）ほど1次発酵させる。
5　容器の9分目あたりまでふくらんだら、取り出して2等分に丸め、パンマットに並べる。パンマットを折り返して生地にかぶせ、上から固くしぼったぬれぶきんをかけて15分おく（ベンチタイム）。

**a**

6　ひとまわり大きくなった生地をまな板に移し、めん棒で（なければ手でもよい）長方形にのばし、3つ折りにする。生地の位置を90度変えて、さらにもう一度、8×30cm程度の長方形にのばし、向こう側からくるくると巻く。
7　巻き終わりを下にして、オイルをぬったローフ型に並べ、上からぬれぶきんをかけて2時間ほど2次発酵させる。
8　型から生地が3cmほど盛り上がってきたら、100℃に熱したオーブンで10分焼いて、さらに200℃に上げて25分焼く。焼き上がったら型からはずし、網の上に出して冷ます。
＊　1次発酵の目安：室温が25〜30℃の場合、6時間ほど。室温が18〜23℃の場合、10時間ほど。
＊　2次発酵は温かな場所で。1時間半〜2時間を目安に。
＊　発酵時間はあくまでも目安。時間よりも大きさを基準に見極める。2次発酵では、イーストのイギリスパンと同じくらいふくらむまでじっくり待って。

---

### ■ パン種のおこし方

材料
ホシノ丹沢酵母パン種（市販品）　100g
ぬるま湯　200㎖

つくり方
よく洗って乾燥させた瓶に、30℃くらいのぬるま湯を注ぎ、酵母を入れる。新品の割り箸（菜箸などを使うと雑菌が入るおそれがあるため）でかき混ぜる。ふたをせず、瓶ごと清潔なビニール袋に入れる。温かいところに置き、発酵させる（夏場は1日、冬場なら3日ほど）。とろりとなめらかになったら、生種の完成。保存は冷蔵庫で1週間ほど。

# 天然酵母の発酵時間表

1章で紹介した11種類のパンは、ドライイーストを使ったレシピとなっていますが、天然酵母でもつくることが可能です。左ページの発酵時間表を参考に、ぜひ挑戦してみてください。

| パンの種類 | 1次発酵 | ベンチタイム | 2次発酵 |
|---|---|---|---|
| 基本のパン | 6〜8時間 | 15分 | 1時間 |
| プチパン | 6〜8時間 | 15分 | 40分 |
| クッペ | 6〜8時間 | 15分 | 40分 |
| マフィン | 6〜8時間 | 15分 | 40分 |
| ピタパン | 6〜8時間 | 15分 | 30分 |
| フォカッチャ | 6〜8時間 | 15分 | 40分 |
| ミニローフ | 6〜8時間 | 15分 | 1時間30分 |
| ベーグル | 6〜8時間 | 15分 | 40分 |
| カンパーニュ | 6〜8時間 | 15分 | 1時間30分 |
| ブルマンブレッド | 6〜8時間 | 15分 | 2時間 |

この発酵時間は、半袖で快適に過ごせるシーズン（6〜9月）の場合です。1次発酵はそのような季節の昼間で6時間、夜に発酵する場合は8時間くらいを目安に考えます。真夏だともっと早くなりますし、もちろん、冬になればより時間がかかります。とはいうものの、冬は室内に暖房があるので、その近くだと意外に早かったりもするため一概にはいえ、あくまで時間は目安。ちなみに、一年中、自然発酵でパンを焼いていて、もっとも苦労するのは、暖房をぎりぎりつけない季節、4月、11月あたりでしょうか。また、プチパンのような小さいパンは早く発酵するし、大きい型焼きのパンは時間がかかります。イーストも同様ですが、天然酵母の場合はそれがとくに顕著にあらわれます。小さいパンは、発酵させすぎると生地がだれて形が悪くなりますが、型焼きは型が支えてくれるので、形はキープされます。そんなことをふまえて、小さいパンは水分量を少なめにし、形がだれないように。大きい生地は水分を多めにして、生地を伸びやかにすると失敗が少なくなります。

## イーストと天然酵母の話

パンをふくらませるために必要なのが、イースト、もしくは天然酵母。イーストにはドライイーストと生イーストがありますが、家庭でつくるのなら扱いやすいドライがおすすめ。イーストのパンは、粉の味をシンプルに味わえるのが特徴です。一方、天然酵母には、自然界にあるさまざまな菌がまじり合っています。そのため、純粋培養されたイーストよりも発酵力が弱く、ふくらむのに時間がかかりますが、その分味わいも深く、粉と酵母の味の両方を楽しめるのが魅力です。逆に発酵がゆっくりな分、少々分割が遅れてもその発酵力は衰えないという一面もあります。気をつけたいのは、天然酵母は雑菌に弱いので、とくに清潔を心がけること。ちなみにミアズブレッドでは、あっさりとしながら味わいのある「ホシノ丹沢天然酵母」を使っています。よく「なぜ自家製天然酵母をつくらないの?」と質問されますが、気軽にいろんなパンをつくったり、サンドイッチをつくったりしたい私は、酵母づくりに夢中になれないのです。酵母づくりに夢中になったら、サンドイッチの発想が変わったり、思いついたときに、パンをつくることができなくなったりするでしょう。自分が何に心が動くか? どの分野に向いているか? 何を求めているのか?を常に自分に尋ねるのはとても大切なこと。パンづくりにとらわれすぎないように、生活のリズムに合わせて、イーストと天然酵母の特長を生かしてつくり分けると、すっとパンづくりが生活の一部になじんでくると思います。気軽に楽しむことが酵母にも伝わり、おいしいパンができるのです。

## 🍞　サンドイッチのコツ

サンドイッチづくりで大切なのは、パンと野菜の両方が、生き生きとおいしく味わえること。以下を参考に、パンだけで食べるよりも、野菜だけで食べるよりも、ずっとおいしくなるサンドイッチをつくってみてください。

### 1　水けをしっかりきる

サンドイッチの大敵は水け。サラダドライヤーを使って水切りし、さらに水滴をキッチンペーパーなどでふき取ります。また、パンにオリーブオイルやマヨネーズなどの油分をぬることは、風味を加えるだけでなく、水分をブロックする働きもあります。

### 2　野菜を均等に、端っこまで並べる

バランスよく並べると、でき上がりの美しさはもちろん、味にも違いが出てきます。とくに端っこは、最初のひと口であり、最後のひと口でもあることをお忘れなく。最初から最後までおいしく食べられるように、すき間をつくらずに並べましょう。

### 3　はさむ順番を考える

切ったときの断面を考えて、彩りよく重ねます。さらに、安定していて水分が出にくいものを外側に、トマトなど、やわらかくて水分があるものは内側にはさみます。たとえば、きゅうりの隣にハムがあるとおいしいとか、トマトとチーズを合わせて食べたいとか、一緒に食べるとよりおいしく感じるものを、隣同士にするのもポイントです。

### 4　パンが乾かないようにする

いくつかまとめてつくるときは、乾燥に気をつけて。はじめにつくった分を、ラップに包んだり、ふきんをかけたりしておきましょう。

### 5　パンと具材の相性を考える

袋状のピタパンにはサラダ風の具材、角食パンにはそれぞれ薄く重ねていける具材など、パンの形状に合わせて具材の切り方を工夫しましょう。

## 🍞 サンドイッチの包み方

ランチタイムに野菜をたっぷりとれるメニューといえば、サンドイッチ。お弁当のレパートリーにサンドイッチが加わると、お弁当づくりもより楽しくなります。具材たっぷりのサンドイッチは、グラシン紙で包むとほんのり中身が見えてかわいらしく、具材もこぼれにくいのでおすすめです。

*1* 　四角く切ったグラシン紙を、角を上にひし形に置きます。

*2* 　中央より少し上にサンドイッチを置き、
　　手前の角を切り口のラインより1cmくらい下を目指して、
　　角を折りながら合わせます。

*3* 　箱を包むように左右の端を中央に向かって折ります。
　　そのときに、サンドイッチの端にできるだけ
　　すき間をつくらないようにするのがコツです。

*4* 　左右を合わせたところでテープをとめて、
　　残った上の端っこを、箱を包むようにはみ出た紙を、
　　中に折り込みながらかぶせます。

## 🍞　パンの食べ方いろいろ

パンをトーストするときは、オーブンと焼き網を使い分けています。オーブンはパリッと香ばしく、焼き網はちょっとした焦げがアクセントになるやわらかい風味に仕上がります。その特徴を覚えて、使い分けるといいでしょう。

### 1　オーブン焼き

厚切りトーストは、断然オーブンがおすすめ。とくに冷凍パンの厚切りトーストは絶品です。オーブンは四方から熱がいくので、パンの耳がとびきりおいしく焼けます。とくに冷凍パンだと焼き時間が長くなるので、耳のカリカリ具合がすごくおいしい。薄切りパンでも、トースターで焼いたようなカリッとした食感に焼き上がります。

・常温の厚切り 4cmのパン　➡　余熱あり、230℃で 5 分焼く。

・冷凍の厚切り 4cmのパン　➡　余熱なし、200℃にセットして、13 〜 15 分焼く。

・薄切りパン　➡　常温でも解凍でも、余熱あり、250℃で 3 分で焼く。

オーブンは、巻きパンやプチパンの温めにも使います。その場合は

・常温のパン　➡　200℃で 3 〜 4 分焼く。

・冷凍パン　➡　余熱なし 200℃で 10 分焼く。

### 2　焼き網

焼き網は、薄切りパンのトーストや、マフィンやベーグルの断面焼きに向いています。さっと短時間で焦げ色をつけるので乾燥せず、やわらかいまま焼けるためサンドイッチにも向いています。マフィンやベーグルのように、外は焼きたくなくて、中だけ焼きたい場合にも網焼きはおすすめ。巻きパンなどを転がしながら焼いて食べるのもおいしいです。焼き網で冷凍パンを食べる場合は、薄切りパンならそのまま焼けますが、それ以外は自然解凍してから焼くとうまくいきます。

パンを焼くのに一番、一般的と思われるオーブントースターですが、オーブンと網があれば、意外と出番は少ないのです。また、オーブンを使わないパン（P.96 〜 101 参照）をつくるのなら、フライパンと焼き網さえあれば、十分、手づくりパン生活は楽しめるのです。

# 🍞 失敗やアクシデントを乗り切る方法

## 1 こねていてべたべたするとき

粉を足しますが、こねているうちに粉が水分を吸ってまとまってくるので、足すのは10分くらいこねてからにします。こねていてかたいときは、手をぬらしてこねます。いつまでたっても生地がなめらかにならないときは、10分くらいおいてから一度丸めてみます。イーストがつながって、つるりとした生地になっていくはずです。

## 2 イーストを入れるのを忘れたとき

新たに同じ分量で生地をこね、途中でイーストが入らない生地をちぎって加えて合わせてこねます（倍量の生地ができます）。イーストの量が全体に対して少ないので発酵に時間がかかりますが、生地が熟成されているのでおいしいパンができます。生地は冷蔵庫で3日くらいもつので、何回かに分けて新しい生地に加えて使ってもいいでしょう。

## 3 塩を入れるのを忘れたとき

こねているときにべたべたしてまとまらず、いつもと違う感じのときは生地を少しちぎってなめてみます。そこで塩味を感じなければ、塩を足してふたたびこねます。慣れてくると、塩が入らない生地はこねているとわかるようになります。わからずにこねてしまったら、焼いてしまって（成形は難しいのでローフ型にします）食べるときに塩をふったり、パンサラダにしたりと、工夫して食べてみてください。

## 4 急に用事ができたとき

生地をこね上げてから用事ができたら、冷蔵庫に入れてゆっくり発酵させます。短時間であれば、両手で丸め直してガスを抜き（パンチをし）、分割の時間をずらします。一日中、用事ができてしまってつくれなかったら、2のように新しい生地に混ぜてつくったり、ベニエ（P.100参照）にしたりしてもいいでしょう。

## 5 砂糖、ショートニングを忘れたとき

砂糖を入れ忘れると焼き色が薄くなりますが、問題なくパンはできます。ショートニングを忘れたらひとまわり小さく焼き上がりますが、噛みごたえのあるおいしいパンができます。

おわりに

ミアズブレッドは、「おいしいパンが焼けたよ！」と周りの
人に食べてもらっているうちに、自然に広がってできたお店
です。そのため、いまだに〝パン屋さん〟と呼ばれると、少
し違和感があるのです。私は、自分の生活スタイルに合うパ
ンを焼いてきただけ。少し違うのは、ただ、いろいろなこと
を面白がりすぎることかもしれません。とにかく面白いこと
はそこらじゅうにいっぱい転がっているから、お店というか
たちでないと収拾がつかない。きっと神様は、そんな私を見
て、ミアズブレッドを開くように導いてくれたのでしょう。
いつのまにか、オープンから 20 年近くたちました。そして、
ほったらかしでも自分にまっすぐ育ってくれた子どもたちを
見て、「これでよかったんだ」と思いました。そしてこれか
らもまるで音楽のような、その先に景色が広がっていくよう
な、そんなパンを焼いていきたいと思っています。

新装版あとがき

この本を出版してから7年も経つなんてびっくり。

相変わらず私はミアズブレッドをやっていて

パンやサンドイッチと向き合う日々です。

ページをめくるとあの楽しかった日々が蘇ってきます。

これはあのときの私がつくったサンドイッチたち。

いまはもっと上手く、いや、違う表情のものをつくるんだろうな。

つくり手も時代も自然も移りゆく中、

そのときどきで、つくり出すものは唯一無二。

集中して楽しむことで力が生まれます。

大好きな本が復刊すること、とても嬉しいです。

私も生き返ったような気持ちでまた頑張りたいと思います。

## 森田三和

大阪芸術大学デザイン科卒。絵を書くように自分が食べ
たい味かたちを作り続けて1997年頃「MIA'S BREAD」
が自然発生的にオープン。パンから始まり、サンドイッチ、
スープ、カフェと広がり20年を機に店舗を地元ならまち
に移店。生まれ育った懐かしい景色に囲まれて相変わら
ずパワーフードを生み出す日々を送っている。

MIA'S BREAD
奈良県奈良市勝南院町2
TEL 0742-27-0038　http://miasbread.com/

| 撮影 | 結城剛太 |
| アートディレクション | 藤崎良嗣　pond inc. |
| デザイン | 境　樹子　pond inc. |
| 協力 | 米田恭子（而今禾） |
| | 藤永絵美子（囍茶） |
| | 森田博実（ミアズブレッド） |
| 校正 | 五十嵐柳子 |
| 原稿整理 | 福山雅美 |
| 編集 | 八幡眞梨子 |


## ミアズブレッドの
## パンとサンドイッチ

2020年6月20日　初版第1刷発行


| 著者 | 森田三和 |
| 発行者 | 久保田榮一 |
| 発行所 | 株式会社 扶桑社 |
| | 〒105-8070　東京都港区芝浦1-1-1　浜松町ビルディング |
| | 電話 03-6368-8808（編集）　03-6368-8891（郵便室） |
| | www.fusosha.co.jp |
| 印刷・製本 | 大日本印刷株式会社 |